気づいたらウエスト－8センチ

キレイは深層筋でつくれます！

KENGO

自由国民社

はじめに

キレイは深層筋でつくれます！

この本を手にとられたということはあなたは美人になりたいはずです。テレビやSNSで美人な人を見て「私もこうなりたい！」と憧れるのは自然なことでしょう。

もちろん人は内面も大事ですが、綺麗事抜きで外見はとても大切です。人を好きになるとき、何が重要だと思いますか？　人によって意見は異なると思いますが、多くの人が「見た目より中身」が重要だと答えるかもしれません。確かに一理ありますが、はたしてその意見は本音でしょうか。

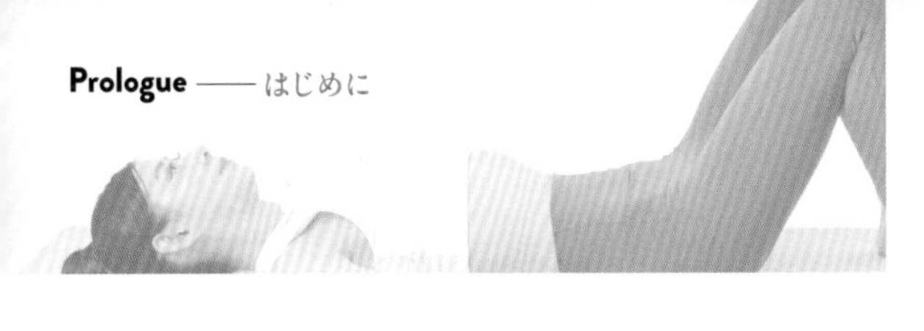

実際、人の印象は見た目で決まることが多いのです。人間は出会って3秒で惹かれるかどうかを本能的に判断すると言われています。3秒以内に相手の中身を知るのは不可能です。つまり、人は見た目で左右されてしまうということです。

あなたが願う「理想の美人」になったと想像してみてください。自分に自信がついて、自己肯定感が高まり、今よりもポジティブな気持ちでどんどん新しいことにチャレンジできるようになると思います。

どんな服を着ても似合う自分。街を歩けば視線を浴びて、自分の画像をSNSに投稿すればたくさんの「いいね!」やコメントがきて、ツライことがあってもそのコメントに励まされることも多くなるでしょう。**他者からの評価も上がり、得をすることもあるでしょう。そして今より自分のことを好きになれると思います。**

本書は顔のバランスが良く、肌がキレイで、スタイルが良く、姿勢がいい、いわゆる外見美人をつくるためのメソッドをまとめた本です。

普段私はパーソナルトレーナーとして、一般の方はもちろん、モデル、アイドル、

グラビアアイドル、アーティスト、スポーツ選手など、さまざまなトレーニーのセッションを行っています。これまで2000人以上の女性のキレイを作るサポートをさせていただきました。

もともとは知らない人がいないほど有名な某大手パーソナルトレーニングジムの本店で働いていました。もちろん当初は、クライアント様に筋トレの指導のみをさせていただいていました。

筋トレには肌をキレイにして見た目年齢を若返らせる効果があることが分かっています。しかし、筋トレだけで美人を作れないことに気がつき、今ではストレッチや整体を取り入れ、解剖学や栄養学の知識と結び付け、外見美人を作るための**「深層筋調整メソッド」**を開発しました。

ありがたいことに、当ジム（渋谷区恵比寿）へ通われている女性達からは、嬉しそうに**『最近「すごいキレイになったね」って言われました』**というような報告を受けることが多く、私も心から嬉しく思っています。

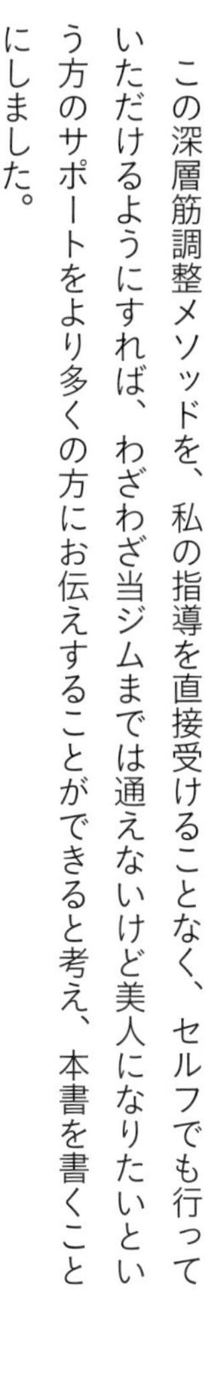

この深層筋調整メソッドを、私の指導を直接受けることなく、セルフでも行っていただけるようにすれば、わざわざ当ジムまでは通えないけど美人になりたいという方のサポートをより多くの方にお伝えすることができると考え、本書を書くことにしました。

深層筋調整メソッドとは、簡単にご説明すると、**激しいトレーニングをしなくてもスリムで姿勢が良く、肌もキレイで太りにくい体質になれるメソッドです。**美しくなるために使った方が良い筋肉を使い、逆に使わない方が良い筋肉を使わないようにするものです。モデルさんはこれができているのです。

そのためには**ストレッチと筋トレの両方が必要**になってきます。

これまで、頑張っているのに、成果が出ないという方は、やり方が間違っている可能性があります。

さあ、あなたも自分史上最高の美人への扉を開きましょう。

KENGO

Contents

PART 2 深層筋ストレッチ

Contents

PART 3 筋トレメソッド

PART 4 深層筋美人でいるための生活習慣

PART 5 深層筋美人になるための食事法

Contents

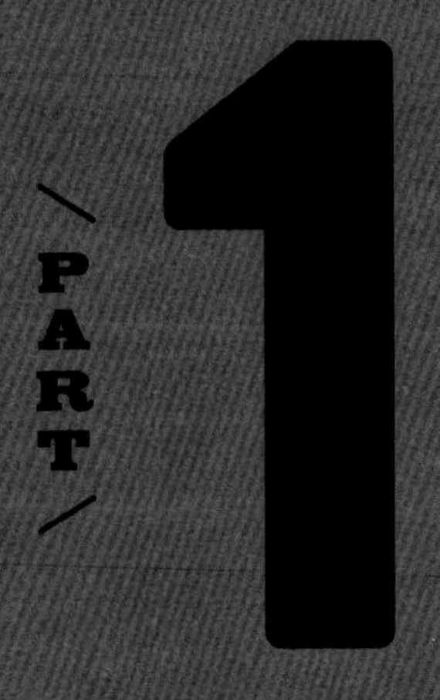

深層筋調整メソッドとは？

たいして運動もしてないのに、キレイでスリムな人っていますよね。
逆に筋トレをしているのに、理想の体型になれていない人もいます。
その違いは、「深層筋が鍛えられているかどうか」で決まります。
そのための方法が「深層筋調整メソッド」です。
頑張らなくていいメソッドなので、
コツをつかんで美人への近道を歩んでください。

深層筋美人は何が違うのか？

深層筋を簡単にご説明すると、骨や内臓器官など**体の内側の深い部分にあって、美しい姿勢を維持するのに欠かせない筋肉です。**

筋肉には大きく分けて、**表層筋**と**深層筋**があり、表層筋は主に走ったり、重いものを持ち上げたりするような大きな力を発揮する際に利用される筋肉です。一方で、深層筋は、姿勢の維持や、表層筋による関節動作を安定させ、ケガを予防する役割を担っています。

なぜ私が深層筋にこだわっているのかというと、美姿勢をつくるのも美肌をつくるのも、バストアップ、ヒップアップ、くびれをつくってスタイルを良くするのも、**深層筋がベースにあるから**です。

Deep Muscles
Conditioning Method

さらに、深層筋を鍛えた方が、見た目がいかつくならず、**基礎代謝が高い状態を保てる**ため、脂肪や筋肉で部分太りもせず、全体的にバランスの良い引き締まった体をつくることができます。

基礎代謝とは安静時に体の維持に必要なエネルギーですが、深層筋を鍛えることで、筋肉の質量が増し、静止時でもエネルギーをより多く消費するようになるのです。代謝が向上することで、体脂肪の減少や、体重の維持がしやすくなります。

見た目から「筋肉ムキムキになりたい」という女性は別ですが、大半の女性は一見スラっと細く見えて、筋肉量なんてなさそうなのに基礎代謝が高く太りにくい体質を手に入れたいのではないでしょうか。

私は**深層筋によってスリムに見えるのに基礎代謝も高く肌もキレイで美姿勢な女性のことを「深層筋美人」と呼んでいます。**

私のInstagramを見ていただくと分かるのですが、深層筋美人の方の画像をたくさん投稿していますので是非ご覧になってください。

いつまでも若々しくキレイな自分を維持したいと、大半の方が望んでいると思いますが、残念ながら何もせずに過ごしていると加齢とともに体はどんどん劣化して

Deep Muscles
Conditioning Method

しまいます。また、トレーニング方法を間違えると、理想の見た目とは違う効果がでてしまうのです。

そのためにぜひ行ってほしいのが、**「深層筋調整メソッド」**です。
若いうちから本書の内容を理解して、生活習慣に取り入れてもらえれば、いつまでも若々しさをキープすることができますし、すでに年齢を重ねている方でも今よりずっと見た目年齢を若返らせることが可能です。

しかも、その方法は頑張らなければいけないことは一つもありません。
大切なのはどのような習慣がキレイをつくり出すのかを理解することです。
今のあなたの行動が10年後も20年後も若くいられるかどうかを決めるのです。

深層筋と**体のゆがみ**の関係

深層筋が、美姿勢や美肌づくりのベースになるとお伝えしましたが、深層筋が鍛えられていないと起こる典型的なサインが、**体のゆがみ**です。

日常動作には、体をゆがませる場面がたくさんあります。以下のような悪い姿勢をとりがちなら、**姿勢を維持する深層筋が働いていないサイン**です。美姿勢や体型維持が遠のいてしまいますので、改めるように意識しましょう。

人の体は軸となる背骨と骨盤、それらを支える筋肉によってバランスが保たれています。体のゆがみが、血管やリンパ管などを圧迫し、そうなると肌も髪も老化が早まり、胸やお尻が垂れ、ポッコリとお腹が出やすく、左右の脚の長さも変わってしまいます。

それだけではなく、悪い姿勢や運動不足などで筋肉への過剰な負担や筋力の低下が起こることで、**肩こりや腰痛、内臓の不調など、全身の健康にまで影響を及ぼしてしまうのです。**

Deep Muscles
Conditioning Method

同じ側の脚を組む癖がある。骨盤のゆがみの原因に。

スマホを長時間使うことで起こるストレートネック。

むくみを引き起こす原因

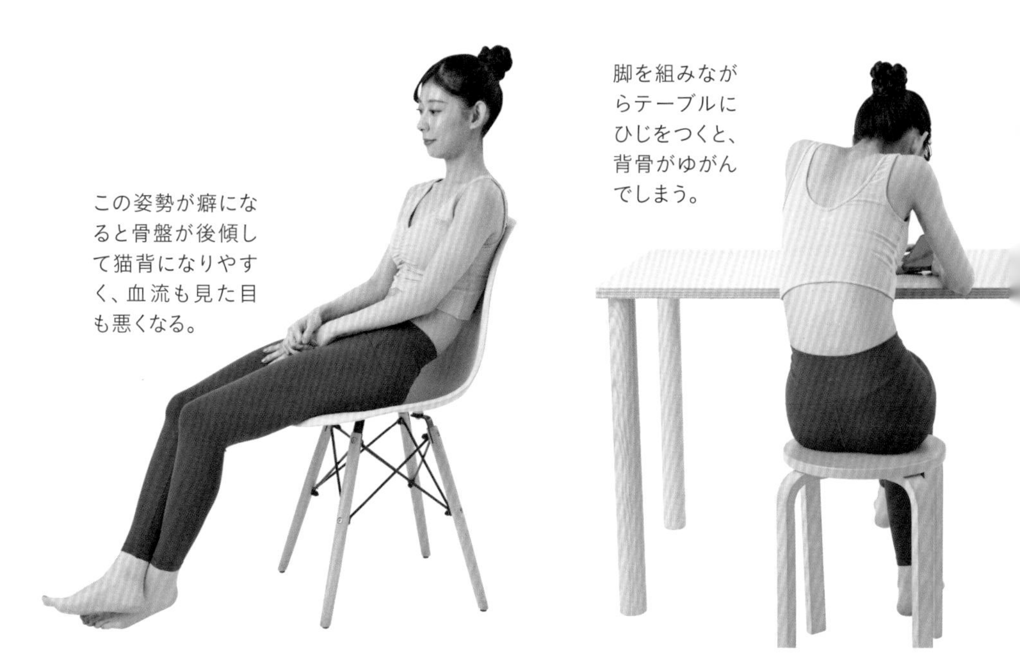

この姿勢が癖になると骨盤が後傾して猫背になりやすく、血流も見た目も悪くなる。

脚を組みながらテーブルにひじをつくと、背骨がゆがんでしまう。

CAUSES

17ページでお示しした悪い姿勢のほかに、冷え、日常動作の癖、
運動不足、ストレスなども姿勢を悪くして、ゆがみの原因となります。

一部の筋肉を酷使する動作

バッグを片方の肩にかけ続けると骨格がゆがみ、姿勢やスタイルが悪くなる。

冷え

血管が収縮して血液循環が悪化し、筋肉が硬くなる。

ストレス

自律神経のバランスが崩れて、血液循環が悪化することにより筋肉が硬くなる。

運動不足

筋肉量が減り、筋力が低下することにより、骨格を支える力が弱くなる。

ゆがみが生じた体

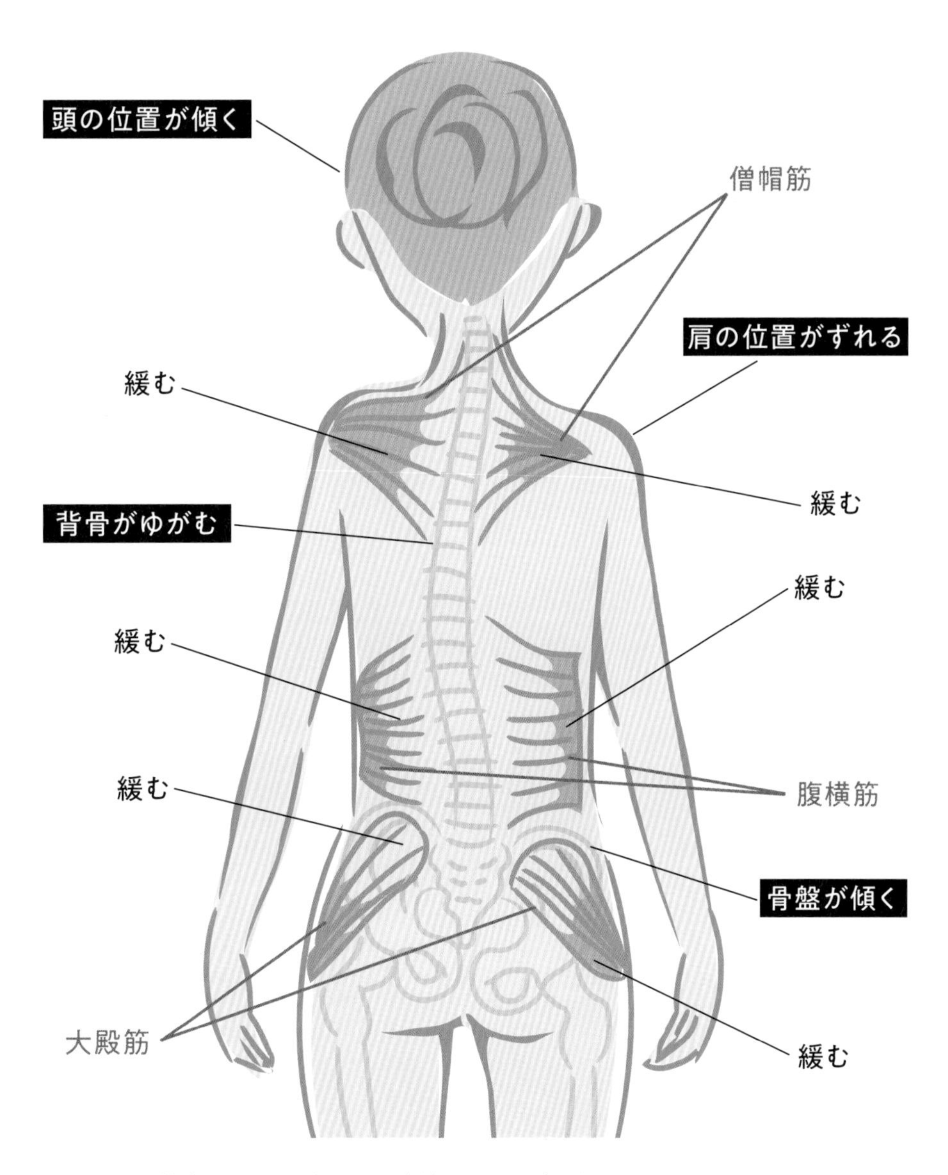

体がゆがむと筋肉のバランスが悪くなり、血液やリンパの流れも悪くなります。そうなってしまうと、むくみ、冷え、倦怠感といった症状にも繋がり、ひどい方は肩こりや頭痛、腰痛といった症状が現れます。

さまざまな**体型変化**が起きる理由

姿勢が悪いと「胸もお尻も垂れやすくなり、お腹も出やすくなり、左右の脚の長さも変わり、顔が大きく見え、見た目年齢がどんどん老けていきます。」とお伝えしましたが、その理由をご説明します。

・胸が垂れる

猫背などによって、胸周りの筋肉の張りがなくなり、胸の位置が全体的に下がってしまうからです。

・お尻が垂れる

骨盤が後傾することで、大殿筋などの筋肉が緩み、筋力も低下し、お尻の位置が全体的に下がってしまいます。

Deep Muscles Conditioning Method

●お腹が出やすくなる

猫背になると、胃や腸などの内臓の臓器が胸郭から圧迫されて下に落ち込んでしまいます。そのため、お腹がポッコリ目立ちやすくなります。

●左右の脚の長さが変わる

骨盤が傾き、股関節の位置が変わってしまうことで、左右の脚の長さが違う状態になってしまいます。さらにO脚やX脚も招き、バランスの悪い体型や姿勢になります。

●顔が大きく見える

スマホの普及による現代病のストレートネックによって首が短く見え、さらに顔が前に出ているので遠近法で顔が大きく見えてしまいます。後述するフラットバックの姿勢でもこれを招きます。

逆に、姿勢を改善すれば、今よりもっと胸もお尻も引き上げることができて、お腹も凹ませることができて、首が長く見えて、小顔に見せることができます。

深層筋が**鍛えられていない**姿勢

深層筋が鍛えられている姿勢

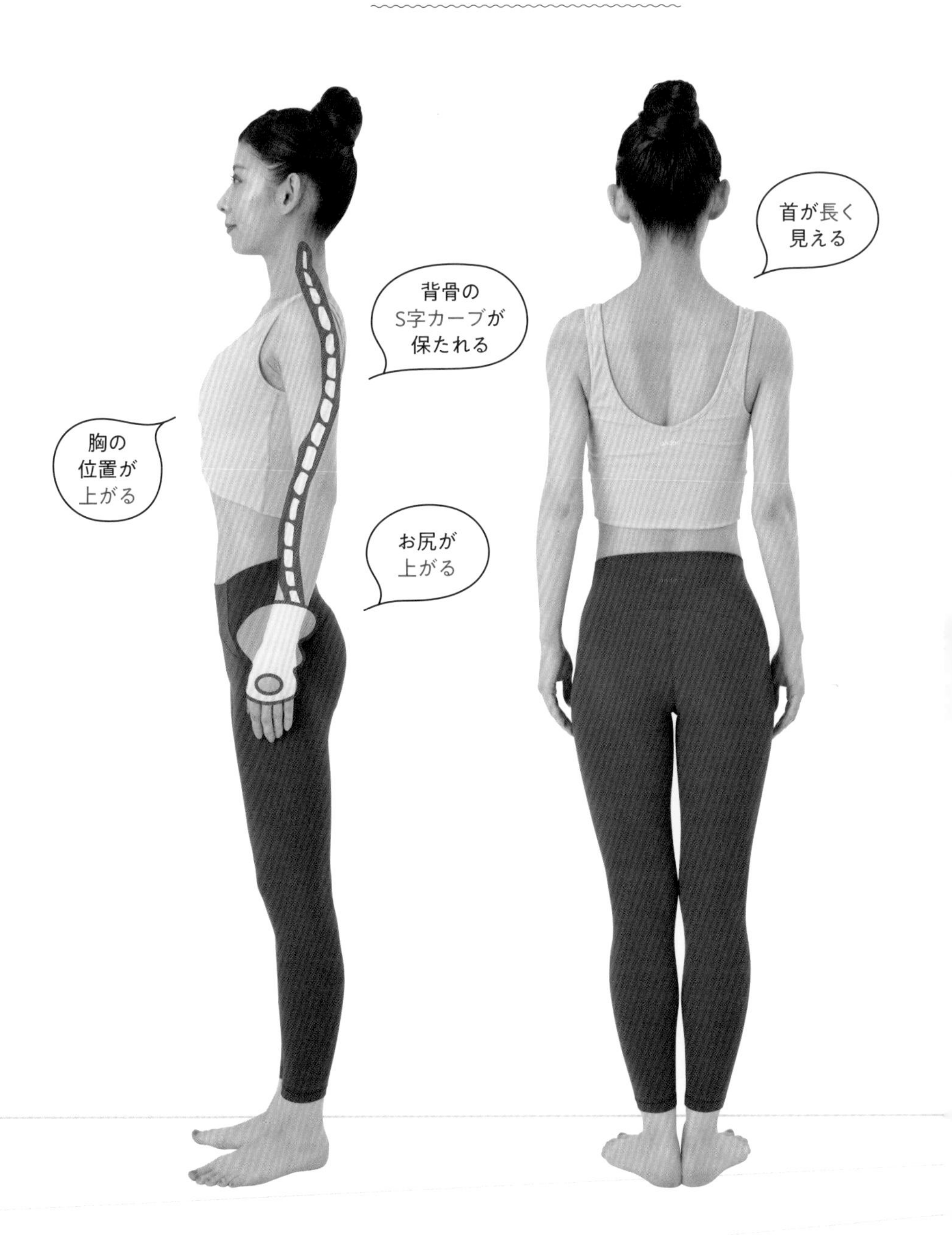

間違ったやり方が体型をさらに崩していた！

私の経験上、下っ腹が常に出ていて気になる方や、**太い脚を細くしたくてダイエットのためにトレーニングをしてみたけど、逆に筋肉が大きくなってしまって脚が太く見えるようになった、**という方はとても多いです。

体重は落ちているのに肝心の気になる部分に限って変化しなかったという方の大半は**深層筋を意識できていないことが多いのです。**下っ腹や脚だけではなく体の一部分だけが太いといった原因の大半は深層筋が十分に機能していないことが原因なのです。

例えば、腸腰筋（ちょうようきん）は上半身と下半身をつなぐ唯一の深層筋ですが、歩行や姿勢の維持に重要な働きをする筋肉（抗重力筋）です。そのため、運動習慣の少ない人やデスクワーク等で長時間座り続けることが多い人は腸腰筋がコリ固まって硬くなりやすいと言えます。

この状態のまま、偏った筋肉ばかりを四六時中使っていてもアンバランスな体型になるだけです。

次ページでお示しするフラットバッグ、反り腰、猫背はいずれも背骨のS字カーブが崩れてしまったものです。

Deep Muscles Conditioning Method

骨盤の傾きが招く悪い姿勢

（猫背）

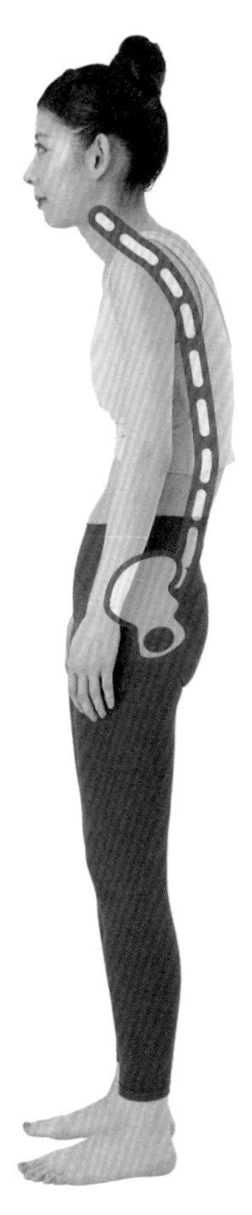

背中が丸まり、骨盤が前傾しており、内臓脂肪がつきやすくなるためウエストは太くなり、頭痛や肩コリに悩むこともある。胸も垂れ気味になる。

（反り腰）

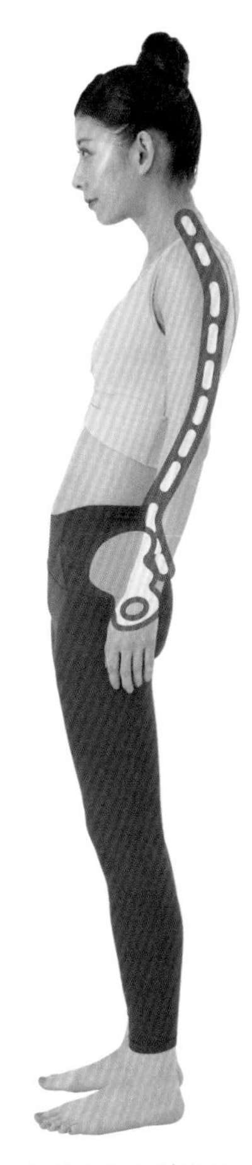

腰に力が入りすぎる分、お腹がだらっとなり、これが癖となりお腹が出たままになる。同様に骨盤が前傾することで脚に必要以上の力が常にかかることで、鍛えなくてもいい脚を鍛えることになり、下半身太り体型になってしまう。

（フラットバッグ）

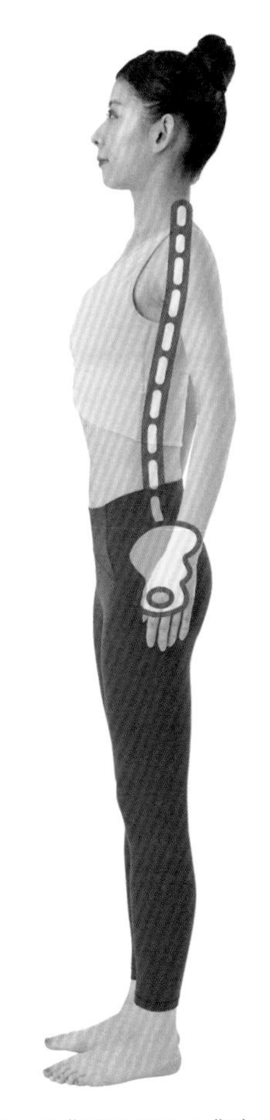

横から背骨を見ると背中から腰がまっすぐになっている状態。一見姿勢はよく見えるが、腰痛になりやすく、顔が前に出て大きく見えるほか、骨盤が後傾するため、お尻が垂れて見える。

深層筋を鍛えると若返り効果も

ボディメイクには表層筋を鍛えるのも大切なのですが、表層筋だけでは美姿勢を維持することはできません。深層筋もしっかり鍛えることで美姿勢を維持しやすくするだけではなく代謝も上がります。全身の血行を促進し、酸素や栄養素の供給を向上させるので、皮膚の新陳代謝も上がり、美肌効果も期待できます。

つまり、筋トレをして見た目をいかつくしたくない、ほっそりとした見た目で痩せ体質をキープしたいのであれば深層筋を鍛えることをお勧めします。

筋トレによって分泌される**「美容効果のある成分」**を理解しましょう。

①成長ホルモン

お肌のターンオーバーを促進してくれる働きがあります。また、脂肪を分解する働きもあるので、美容やダイエットにとても大切なホルモンです。

Deep Muscles Conditioning Method

②マイオカイン

マイオカインには、コラーゲンの産生を促進したり、メラニン色素の生成を抑制するといったシワやシミを予防してくれるホルモンです。

③ホルモン感受性リパーゼ

筋トレすることで増える「脂肪を分解してくれる酵素」です。筋トレによってホルモン感受性リパーゼが増えると、体脂肪が分解されて、その後、体脂肪が燃焼する、つまり痩せることができます。

④バイグリカン

加齢によって薄くなった真皮層の厚みを取り戻し、シワの改善をしてくれる成分です。

筋トレが健康だけではなく見た目年齢の若返りにも効果があるのは、これらの成分が分泌されるというのが大きな理由ですが、筋トレがもたらす効果はまだまだこんなものではありません。

若返るために重要なのは
毛細血管

突然ですが、**「自分の毛細血管がどういう状態なのか」**を考えたことがあるでしょうか？　ほとんどの方がないと思います。しかし、いつまでも見た目年齢が若くキレイな自分を維持したいのであれば、毛細血管のケアがとても重要なのです。

毛細血管とは、体中に網状に分布している、細い血管のことを言います。肌や臓器などの細胞一つ一つに栄養素や酸素を運び、老廃物や二酸化炭素を回収する重要な働きを持っています。

毛細血管は加齢や生活習慣の乱れ、ストレスなどでダメージを受けると細胞同士の結合が弱まり、栄養素や酸素を運べなくなってしまいます。

ダメージを受けて細胞同士の結合が弱まった毛細血管はいずれ機能しなくなることが分かっており、これを**「ゴースト血管」**と言います。

このゴースト血管が増えてしまうと、せっかく美容や健康に良い食事をとっても運ばれる栄養素が不十分になってしまうのです。

Deep Muscles Conditioning Method

ゴースト血管を増やさない方法で手っ取り早いのが深層筋を鍛えることです。適切なトレーニングにより、筋肉が活発に動くと、その周りの毛細血管が活性化し、血流が増加します。組織や細胞に酸素や栄養素が運ばれ、老廃物が除去されやすくなり、皮膚の健康維持にも役立ちます。

さらに先ほどご説明した筋トレによって分泌される美容効果のあるホルモンは血管によって運ばれます。

つまりキレイになりたいのであれば、筋トレによって毛細血管を活性化し、美容に良い栄養を摂取し続けることが大切なのです。

＼ 筋肉と血流の関係 ／

健康な筋肉と血流

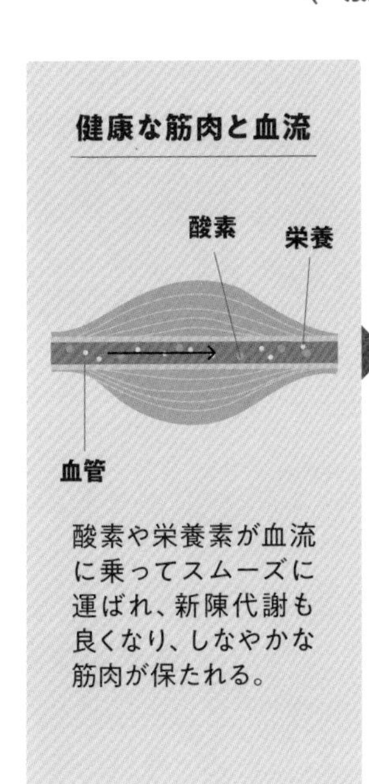

酸素や栄養素が血流に乗ってスムーズに運ばれ、新陳代謝も良くなり、しなやかな筋肉が保たれる。

血流が滞りはじめると……

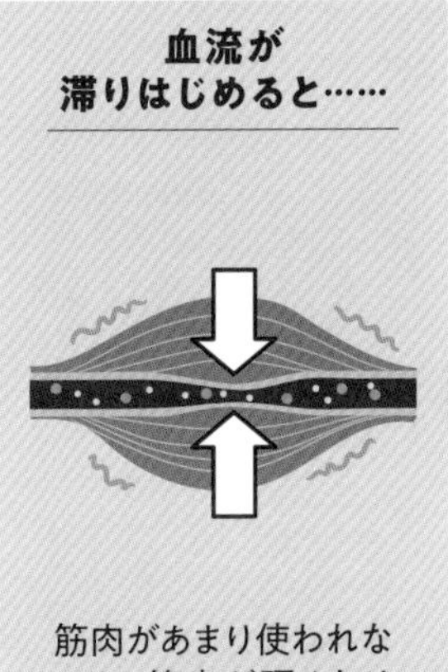

筋肉があまり使われないと、筋肉が硬くなり血管を圧迫し、血流が悪くなる。酸素が届きにくくなり老廃物もたまったままで筋肉はさらに硬くなる。

血管のゴースト化

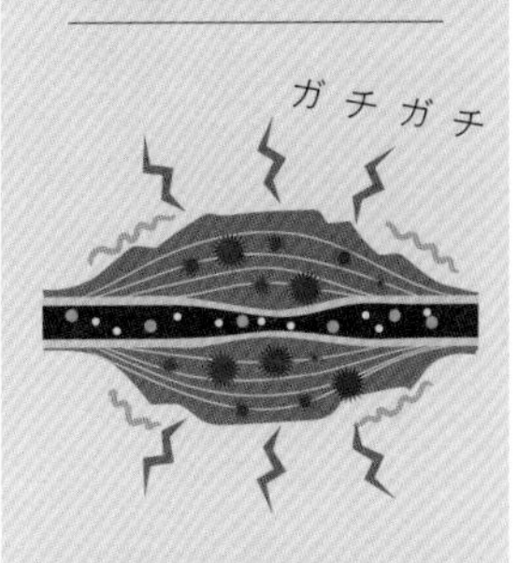

さらに血流が悪くなると酸素や栄養素が運ばれなくなり、血管のゴースト化がはじまり、筋肉も酸欠状態になる。

ではなぜストレッチが重要なのか

ここまで読んでいただけた方は「それなら筋トレと食事だけでいいじゃないか」と思う方がいるかもしれません。確かにそれだけでも美容効果はあります。
しかし、より効率よく深層筋美人になるためには**ストレッチは必要不可欠**なのです。まだまだストレッチの重要性があまり世間に伝わっていないかもしれないので、ストレッチのメリットを次ページにわかりやすく解説します。

さらに深層筋にアプローチするストレッチをすることで、美姿勢を保ちやすくなり、筋トレのパフォーマンスも上がるのです。

逆にストレッチをしていないとどのような症状が起きるのかというと、筋肉が硬くこわばり、運動時にケガをしやすくなり、血液循環も悪くなります。血液循環の悪化により、むくみや冷えが生じ、基礎代謝が下がって、肥満になります。また、疲労物質が蓄積して、腰痛や肩コリが生じ、心筋梗塞や動脈硬化の原因にもなってしまいます。

Deep Muscles Conditioning Method

STRETCH

ストレッチをするメリット

1

柔軟性の向上

ストレッチによって関節や硬くなった筋肉がほぐれて可動域も広がるので体全体のパフォーマンスが良くなる。可動域が狭い状態でトレーニングをしても深層筋へのアプローチが不十分なまま。

2

血行促進

筋肉の柔軟性が高まって血行が良くなるとゴースト血管予防になり、代謝も上がるので、老廃物が排出され、むくみ予防になる。体温も上がるため、免疫力アップにも繋がる。さまざまな美容成分がより全身に巡りやすくなるので美肌を作りやすくなる。

3

疲労回復

トレーニングをすると、糖を分解してエネルギーにするので、疲労物質である乳酸が生成される。激しいトレーニングによって大量の乳酸が生成されると、筋肉疲労の元となるが、ストレッチすることで筋肉にたまった乳酸の排出を促し、疲労感を大幅に軽減できる。

肩コリ・腰痛の改善

肩コリや腰痛は、冷えで筋肉が縮むことで硬くなり、神経が圧迫されて起きる。ストレッチによって血流を促進すると、筋温や体温が上がり体の冷えを改善するので、肩コリや腰痛改善になる。

5

姿勢が良くなる

ストレッチは基本的に筋肉を柔らかくすることを目的とするが、美姿勢も作りやすくする。正しい姿勢を維持できると、巻き肩、ポッコリお腹、垂れ下がった胸やお尻の改善に繋がる。

6

幸せホルモンが出る

ストレッチをすると、幸せホルモンとも呼ばれる「セロトニン」が分泌される。セロトニンには感情をコントロールする働きがあるので、メンタルにも好影響が期待できる。

ボディメイクに必要な**深層筋ストレッチ**

何もしていなければ必ずと言っていいほど筋肉は硬くなってしまいます。筋肉が硬くなるのは加齢だけが原因ではありません。若くても運動不足であったり、仕事などで同じ姿勢をとっていることが多い方などは筋肉を動かすことが少ないため体が硬くなりやすいのです。

筋トレやストレッチがどれだけ重要かご理解いただけたかと思います。では次にどのような順番で行うべきなのかをお話しします。

結論から言うと、以下の順番が良いです。

①ストレッチ
②筋トレ

なぜ筋トレの前にストレッチをした方が良いのかというと、簡単に言えば筋トレの効果を高めることができるからです。ストレッチによって筋肉や関節の柔軟性を向上させ、関節の可動域を広げることによって、その後に行う筋トレをより効果的

Deep Muscles Conditioning Method

に行えるようになり、トレーニングの効率が上がります。PART2で紹介するストレッチは、PART3で行う筋トレの効果をより高めることができます。

本書で鍛える 深層筋

次章「PART2 深層筋ストレッチ」でアプローチする主な深層筋とストレッチの効果について解説します。

◎Target

小胸筋（しょうきょうきん）

>>> p.46

巻き肩や猫背、姿勢の崩れ、二の腕太りを防ぐ。

◎Target

肩甲挙筋（けんこうきょきん）

>>> p.38

肩周りがスッキリ細くなる。肩甲挙筋のコリが重症化すると首の可動域の狭さや肩のコリに繋がり、上半身がいかつくなりやすい。

◎Target

腹横筋（ふくおうきん）

>>> p.42

キャット&ドッグを行うことで背中の深層筋の菱形筋、多裂筋、棘筋とともに姿勢を保ち、柔軟性をアップさせる。

◎Target

腸腰筋（ちょうようきん）

>>> p.58

股関節周りの柔軟性がアップし、美脚に繋がる。

◎Target

縫工筋（ほうこうきん）

>>> p.54

別名「美脚筋」と呼び、柔軟性がアップすることで、骨盤の前傾やO脚を防ぐ。

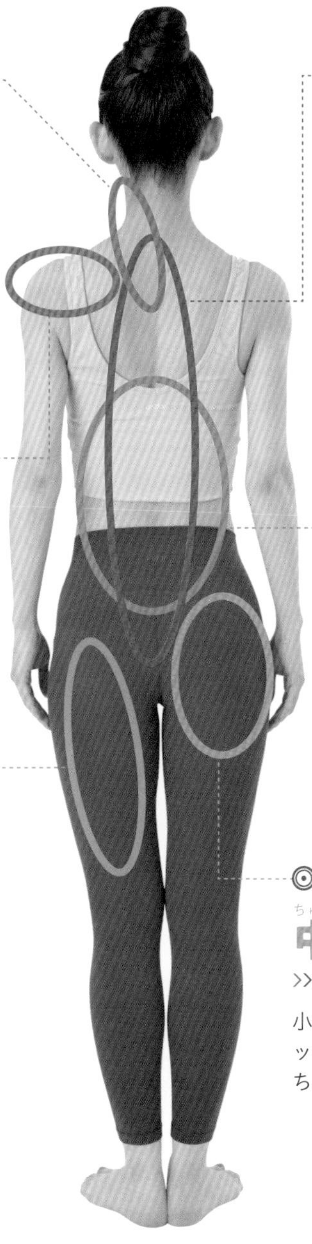

◎Target

頭板状筋（とうばんじょうきん）

>>> p.61

顔を上げたり、後ろを見る時に使う筋肉なので、柔軟性がアップすると首のコリを予防でき、血流アップにつながり、美容ホルモンが首から上に行き渡るようになる。

菱形筋（りょうけいきん）・多裂筋（たれつきん）・棘筋（きょくきん）

>>> p.42

キャット&ドッグを行うことでお腹の深層筋の腹横筋とともに、美姿勢をつくる。

◎Target

回旋筋腱板（かいせんきんけんばん）

>>> p.44・60

肩甲骨周りの動きが良くなり、二の腕が細くなる。猫背予防にもなる。

◎Target

腰腸肋筋（ようちょうろくきん）

>>> p.40

腰周りの可動域が広がり、美姿勢を保ちやすくなる。

◎Target

半膜様筋（はんまくようきん）

>>> p.56

股関節や膝関節の動きに関わるので、柔軟性がアップすることでヒップアップや美脚効果が期待できる。

◎Target

中殿筋（ちゅうでんきん）・小殿筋（しょうでんきん）

>>> p.48〜53

小殿筋、中殿筋の柔軟性がアップすることで、美姿勢を保ち、美しい歩き方ができる。

いよいよ
キレイ作りのために
ストレッチと
筋トレを
行っていきましょう

Column 1

トレーニング後には、ストレッチを行った方が良い？

ストレッチは一般的に筋力トレーニングの前後で行った方が良いと考えられています。これは確かに間違いではないです。

筋トレの前にストレッチを行うと良いことは、先述したとおりです。
では筋トレの後にストレッチを行った方が良いのでしょうか？

トレーニング後にストレッチを行うことで筋細胞の修復が早まるという研究もありますし、トレーニング後にストレッチをするアスリートもたくさんいらっしゃいます。

しかし、高強度のトレーニングなど、体にかなり負担のかかる運動をした直後は、すぐにストレッチを行わないでください。自分にとって高強度と感じるトレーニングをした後は、筋細胞が大きなダメージを受けている状態です。この状態で無理に筋肉を伸ばそうとするとダメージが広がって、筋細胞の修復が逆に遅れてしまう可能性があるからです。

筋肉は休めることも必要なので、トレーニング後に筋肉痛が残るようであれば痛みが治ってから、ストレッチとトレーニングを行うようにしてください。

深層筋ストレッチ

PART2で紹介しているストレッチは、
伸ばしている深層筋のみを紹介しています。
伸ばすときは、息をゆっくり吐きましょう。
13種類の深層筋ストレッチは、毎日全て行う必要はありません。
少なくとも1日に2種類以上を目安に行いましょう。
一番大切なのは毎日の習慣にして継続することです。

美姿勢のための深層筋ストレッチⅠ

☑伸ばす筋肉　**肩甲挙筋**（けんこうきょきん）

Point　肩甲挙筋を伸ばすことで首のコリを改善し、血流が良くなります。

片側
15秒

Ready

基本姿勢

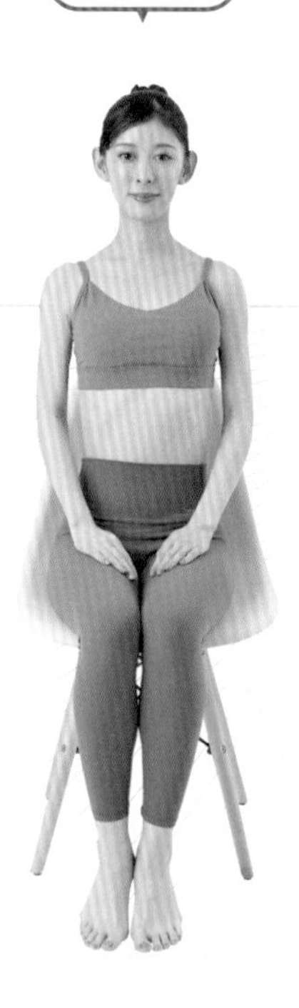

1　一方の手を、手と逆側の頭の側面に添えます。

背もたれのある椅子に深く腰掛けて背筋を伸ばします。

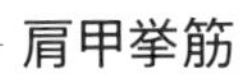

肩甲挙筋

頭を斜め前に倒すことで、首から肩につながる筋肉を伸ばせます。

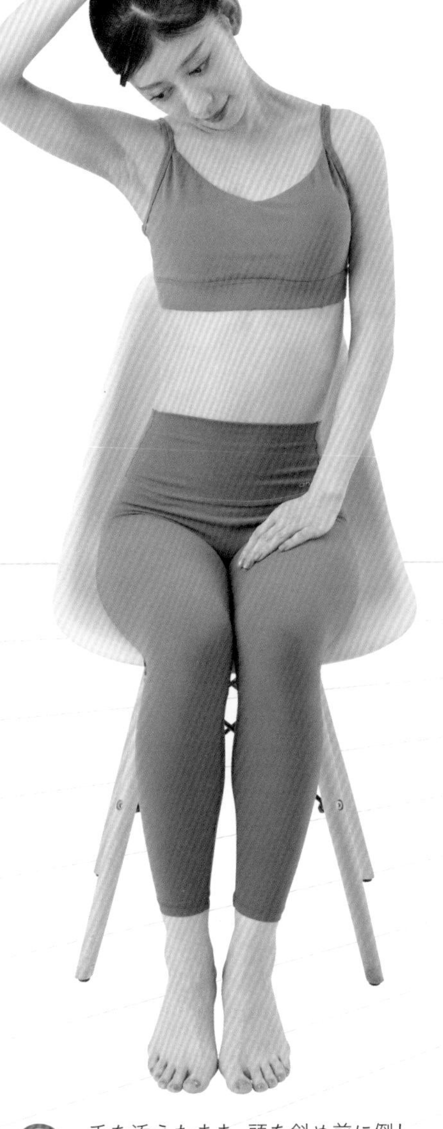

2 手を添えたまま、頭を斜め前に倒します。そのまま15秒キープします。反対側も同様に行います。

美姿勢のための深層筋ストレッチⅡ

伸ばす筋肉 **腰腸肋筋**（ようちょうろくきん）

Point 美姿勢の土台をつくるストレッチです。

あぐらをかきます。

1 両腕を頭上に伸ばし、手首をつかみます。つかまれたほうの手は正面に向けます。

お尻が浮いてしまうと、筋肉が伸ばせません。

姿勢保持に欠かせない筋肉を伸ばせます。

2 つかんだ方の手首を引いて、上体を斜め前に倒します。下半身は動かないようにしましょう。そのまま15秒キープします。反対側も同様に行います。

Lesson 3

美姿勢のための深層筋ストレッチⅢ（キャット&ドッグ）

伸ばす筋肉　**腰周りの深層筋（菱形筋、腹横筋、多裂筋、棘筋）**

Point　猫背、反り腰を改善し、美姿勢をつくるストレッチです。

Ready

10秒×2　3セット

両手、両ひざを床について四つん這いになります。

⇩

1　息を吐きながら、背中をまるめ、10秒キープします。

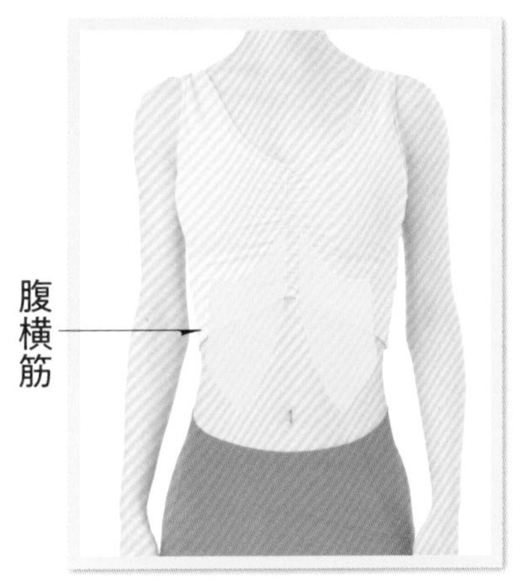

お腹を凹ませる働きがあり、別名「天然のコルセット」。内臓を覆うので、お通じや臓器の位置、体型にも関与。

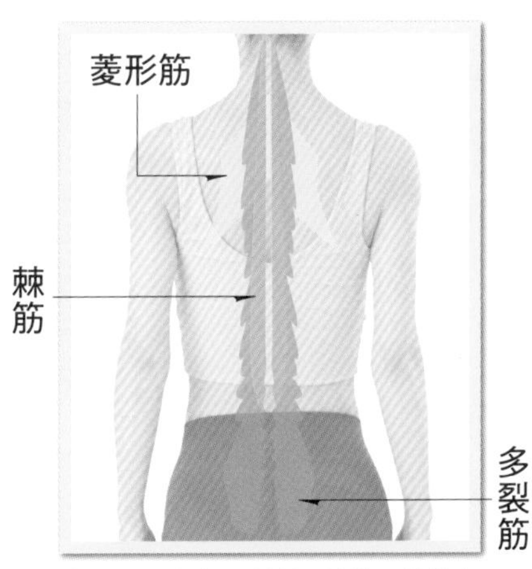

多裂筋は姿勢維持筋、棘筋は体幹を支える筋肉。菱形筋は肩甲骨を引き寄せたり離したりするために働きます。

2 息を吸いながら、肩甲骨が寄るように背中を反らし、10秒キープします。1と2を10秒ずつ3回くり返します。

＼すっきりした／
肩周りのための深層筋ストレッチ

伸ばす筋肉　回旋筋腱板（かいせんきんけんばん）

Point　肩周りをすっきりさせるためのストレッチです。

あぐらをかきます。

1 片方の腕を胸の上まで上げ、反対の手で支えます。

伸ばしたほうのひじを曲げてしまうと、ストレッチにはならないので注意しましょう。

肩甲骨と上腕骨を繋ぐ4つの筋肉で構成されており、肩関節を安定させます。

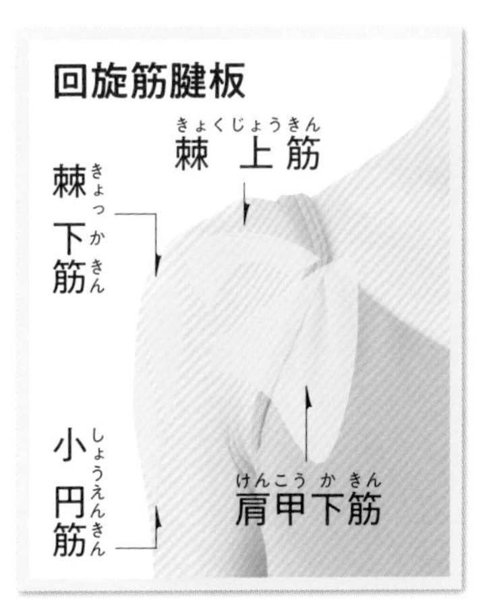

2 1の状態で斜め上に伸ばして10秒キープします。

3 2の状態で斜め下に伸ばして10秒キープします。反対側の腕も同様に行います。

＼美しい／

デコルテラインのための深層筋ストレッチ

Lesson 5

伸ばす筋肉　小胸筋（しょうきょうきん）

Point　巻き肩を改善することでバストアップ効果もあり、デコルテラインのむくみもとれます。

1 壁に手をつきます。

両脚を肩幅くらいに開いて立ちます。

（アレンジ1）

壁に手をつくとき、顔の高さまで上げて、そのあと上半身をひねります。

（アレンジ2）

壁に手をつくとき、お腹の高さまで下げて、そのあと上半身をひねります。

小胸筋

肩甲骨を下に引き下げる筋肉で、ストレッチすることで巻き肩を予防し、美しいデコルテラインに。

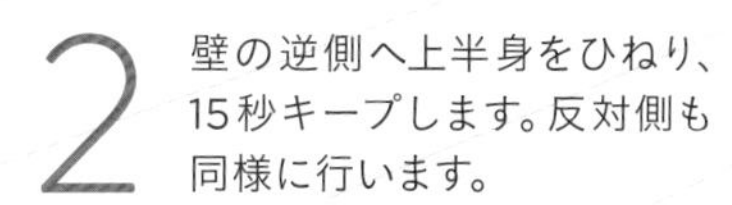

2 壁の逆側へ上半身をひねり、15秒キープします。反対側も同様に行います。

Lesson 6

美尻のための深層筋ストレッチ Ⅰ

☑伸ばす筋肉　中殿筋（ちゅうでんきん）

Point　中殿筋はきれいなお尻をつくるために必ず伸ばしておいてほしい筋肉です。

あぐらをかきます。

1　一方のひざを立てて、もう一方の脚をまたぎます。近い方の手で、立てたひざを押さえ、もう一方の手はお尻の横につきます。

2の状態でひねるときに、お尻が浮かないようにしましょう。筋肉が伸びません。

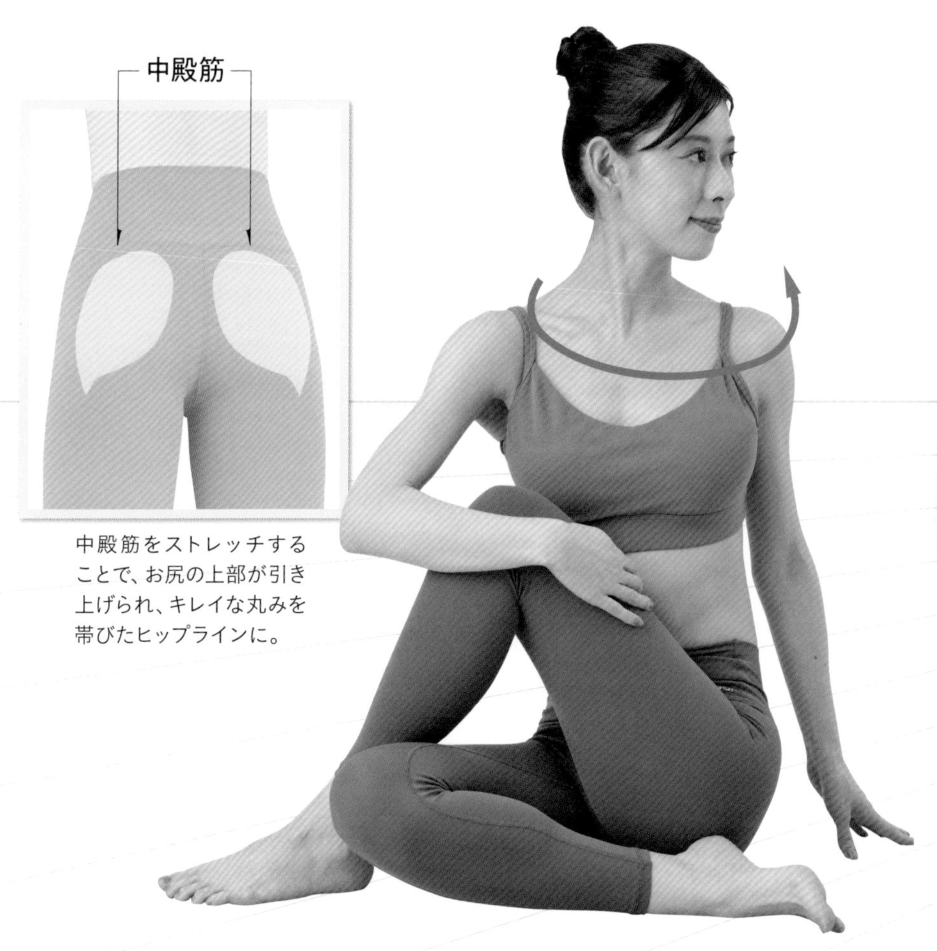

中殿筋をストレッチすることで、お尻の上部が引き上げられ、キレイな丸みを帯びたヒップラインに。

2 背筋を伸ばし、上体を立てたひざとは反対側にひねります。この状態で30秒キープします。反対側の脚も同様に行います。

美尻のための深層筋ストレッチⅡ

Lesson 7

伸ばす筋肉 中殿筋(ちゅうでんきん)

Point 中殿筋によりフォーカスしたストレッチ法です。

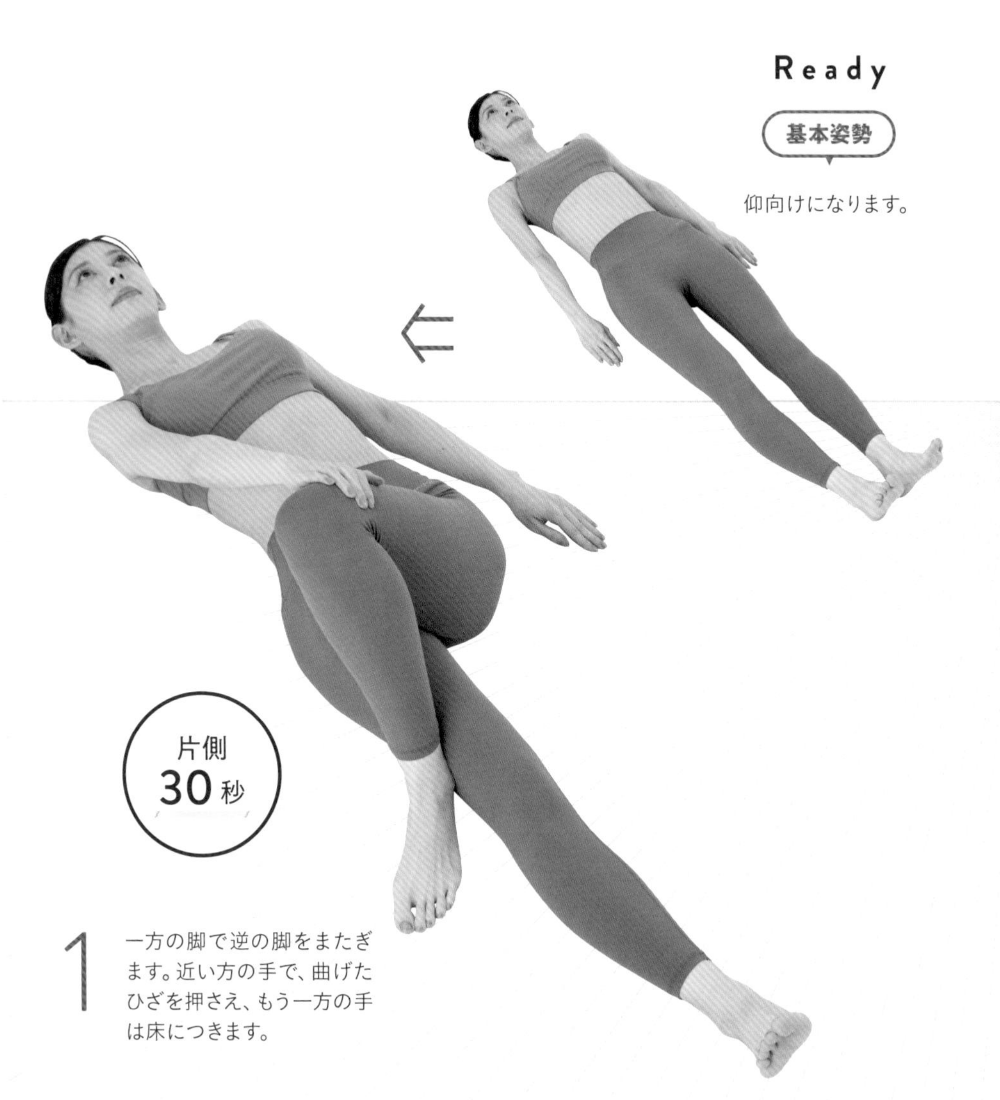

1 一方の脚で逆の脚をまたぎます。近い方の手で、曲げたひざを押さえ、もう一方の手は床につきます。

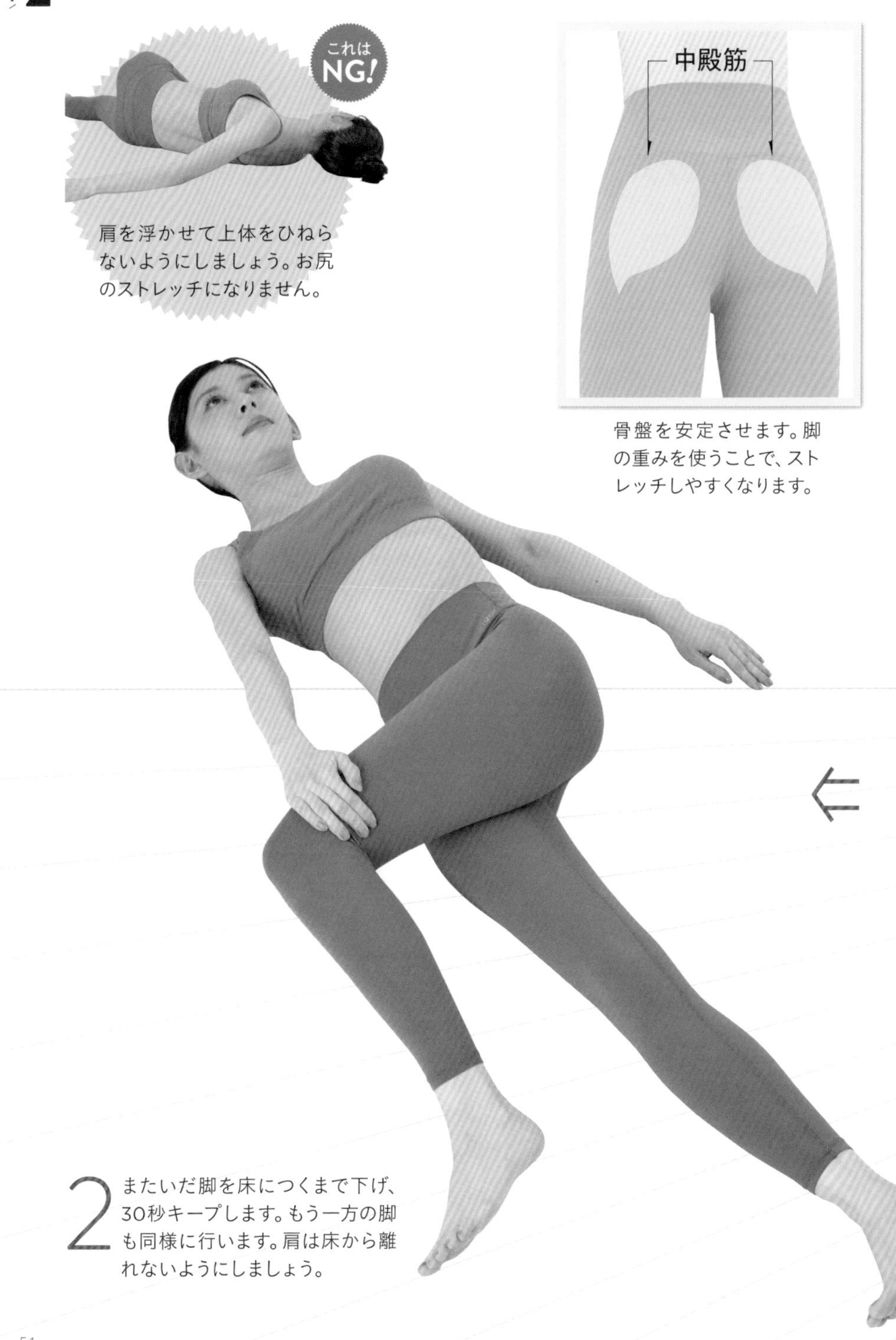

肩を浮かせて上体をひねらないようにしましょう。お尻のストレッチになりません。

骨盤を安定させます。脚の重みを使うことで、ストレッチしやすくなります。

2 またいだ脚を床につくまで下げ、30秒キープします。もう一方の脚も同様に行います。肩は床から離れないようにしましょう。

Lesson 8

美尻のための深層筋ストレッチⅢ

☑伸ばす筋肉　小殿筋（しょうでんきん）

Point　美しく、安定したウォーキングや姿勢維持には欠かせない筋肉です。

床にひざ立ちになります。

1 上半身を前に倒し、両手を床についたら、片方の脚を前に踏み出し、足先を逆側の腕のほうへ流します。

お尻を床につけるときに骨盤の位置が傾かないようにしましょう。なるべく平行に保つようにしてください。

中殿筋の深部に位置する筋肉で、ストレッチすることで、中殿筋をサポートして股関節を柔軟に。

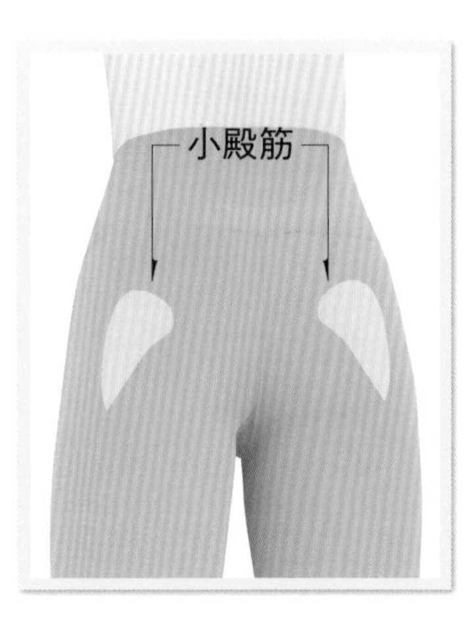

2 後ろの脚を後方へ伸ばしたら、前側のひざは床につけ、お尻を床につけるようにします。

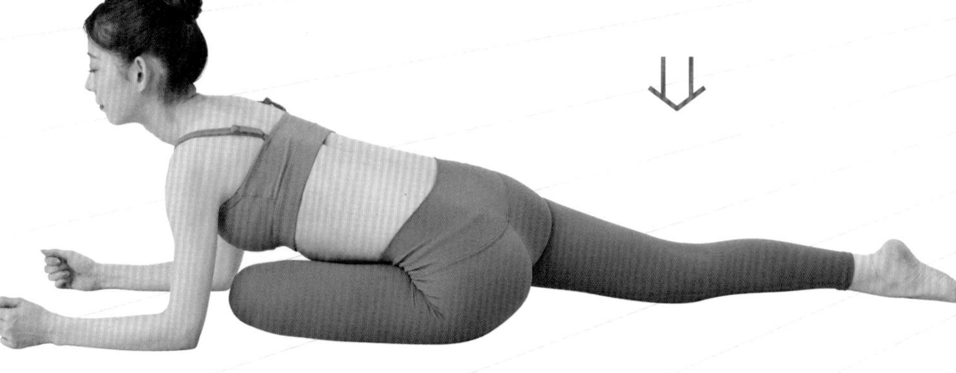

3 2の状態で、腕を床に鎮めるように前傾します。この状態で30秒キープしましょう。反対側の脚も同様に行います。

美脚のための深層筋ストレッチⅠ

☑伸ばす筋肉　縫工筋(ほうこうきん)　　Point　O脚改善につながります。

⇐

Ready

基本姿勢

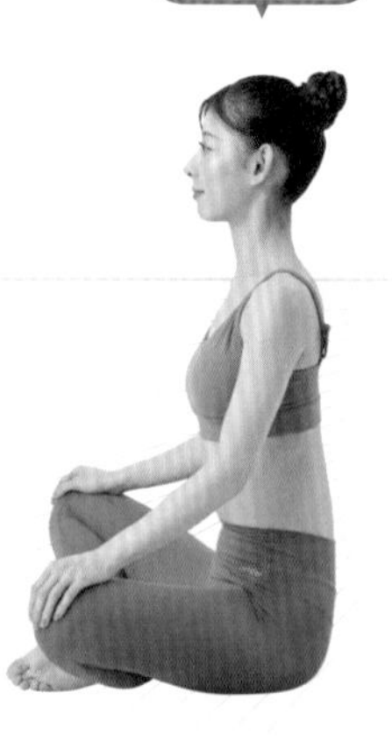

あぐらをかきます。

1　一方の脚を横に崩し、足の甲をつかみます。

腰が引けたままひねると、前側のももが伸びないので注意しましょう。

全身の筋肉の中で一番長く、股関節やひざを曲げる、ももをねじる動作に関与。ストレッチすることで、内股、小股が改善してO脚が治ります。

2 足から離した手を腰に添え、息を吐きながら、上体を手をついた側にひねります。この状態で15秒キープします。反対側も同様に行います。

美脚のための深層筋ストレッチ Ⅱ

☑伸ばす筋肉 半膜様筋（はんまくようきん）

Point ももとお尻の筋肉で歩けるようになり、きれいなウォーキングができます。

Ready

基本姿勢

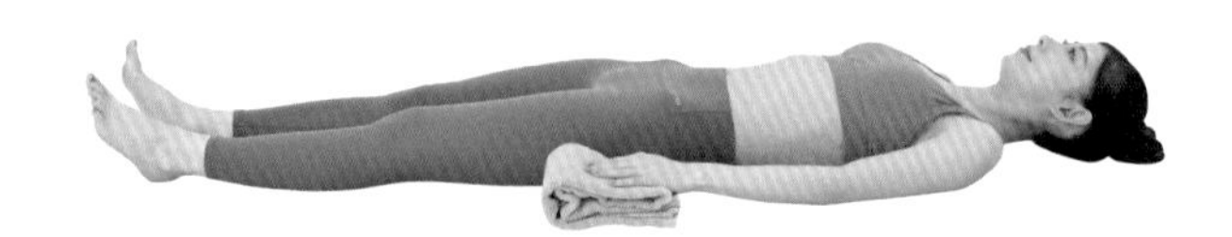

仰向けになります。

⇩

片側15秒

⇦

1 一方の脚を引き寄せて、タオルを足裏にかけます。もう一方の脚は、まっすぐに伸ばします。

つらいときは、タオルを掛けていないほうの脚は曲げて行いましょう。

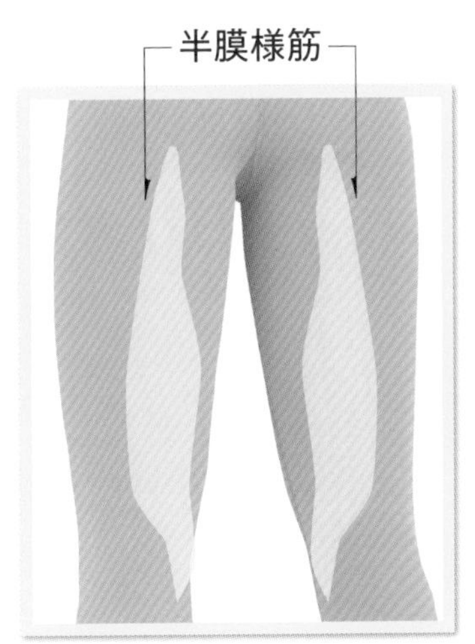

ストレッチすることで、股関節とひざ関節を効果的に使えるようになります。内ももの引き締め効果もあり美脚に。

2 タオルを持った手を手前に引き、脚を天井高く上がるようにまっすぐ伸ばし15秒キープします。反対側の脚も同様に行います。

Lesson 11

美脚のための深層筋ストレッチⅢ

☑伸ばす筋肉　**腸腰筋**（ちょうようきん）

Point 猫背などの姿勢の乱れを改善するストレッチです。腰が痛む場合は、無理をしないでください。

Ready

基本姿勢

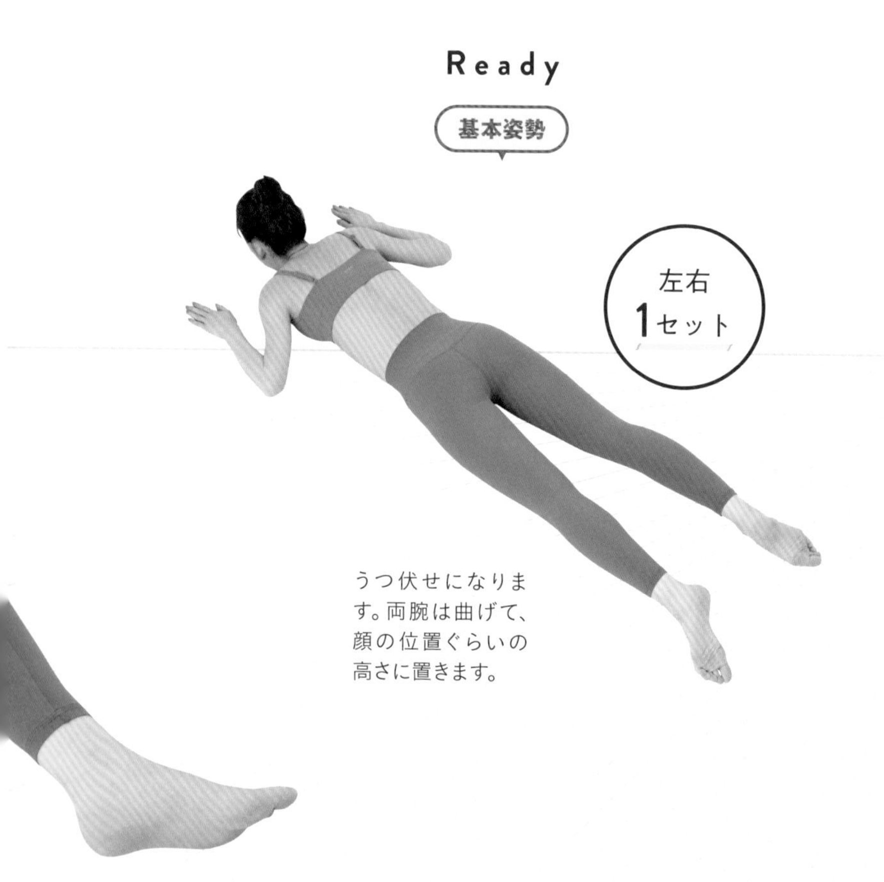

左右1セット

うつ伏せになります。両腕は曲げて、顔の位置ぐらいの高さに置きます。

1 片方の脚をもう一方の脚を越えて床につけます。すぐに元の姿勢に戻し、反対側の脚と交互に行います。左右交互に1セットずつ行いましょう。

美姿勢のための深層筋ストレッチ

☑伸ばす筋肉 **回旋筋腱板**（かいせんきんけんばん）

Point 巻き肩予防や、肩周りの筋繊維がコリ固まりにくくなり、血流が良くなります。

肩周りと首周りの柔軟性を良くするために、次の2つのストレッチを日頃の動作として行いましょう。回数や頻度は自由です。

回旋筋腱板

棘上筋（きょくじょうきん）
棘下筋（きょっかきん）
小円筋（しょうえんきん）
肩甲下筋（けんこうかきん）

回旋筋鍵板を柔軟にすることで、肩周りの動きが良くなり、姿勢保持につながります。

5~10回

両指先を、それぞれの同じ肩に添えます。ひじを矢印の方向に大きく5〜10回程度、回します。

美顔のための深層筋ストレッチ

☑伸ばす筋肉 **頭板状筋**（とうばんじょうきん）

Point 血流を促進して、筋トレによって分泌された美容ホルモンが顔まで行き届きやすくなります。

3～5往復

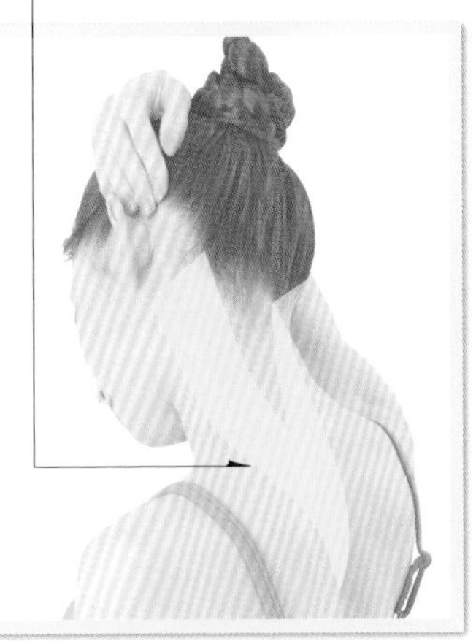

硬くなると、美顔どころか、頭痛や顔面痛の原因になるので、よくストレッチしましょう。

頭の後ろで両指を交差させ、両親指で首筋に沿うようにツボを押す要領で上下に少しずつずらしながら押していきます。3～5往復くらい行いましょう。

Column 2

筋トレをすると
筋肉は太くなる？　細くなる？

筋トレはやり方によっては筋肉を太くもしますし、細くもします。

瞬発力が大切なウエイトリフティングの選手と、持久力が大切なマラソン選手の体型を想像すると分かりやすいでしょう。

ウエイトリフティングのように、自分にとって高強度な負荷を課す筋トレは筋肉を肥大させます。
逆にマラソンなど負荷をかけずに持久力勝負で鍛える場合は、筋肉は細くなります。

もっと具体的にご説明すると、今の自分の筋力でギリギリ10回できるくらいの負荷をかけると筋肥大させていくことができます。魅力的なバストやヒップを作りたいのであれば高負荷なバストアップトレーニングやヒップアップトレーニングを行うと良いでしょう。

逆に細く引き締めたいのであれば余裕で20回以上できるような軽い負荷でのトレーニングを心がけてください。

筋トレメソッド

それぞれの筋トレメソッドにはキープする時間や目安の回数、
セット数を紹介していますが、個人差がありますので、ご自分の体力に
合わせて、正しいフォームが保てる範囲で行ってみてください。
無理に行おうとすると、違う筋肉を鍛えてしまったり、
ケガもしやすくなります。
12種類の筋トレメソッドは、1日に2種類以上を目安に行いましょう。
きついと感じる場合は1種類でもOKです。
毎日の習慣にして継続することが大切です。

Lesson 1

（美尻・太もも引き締めトレーニング）

スクワット

Point 頭の中でお尻を鍛えていることをイメージしながら、股関節（脚の付け根）をしっかりと曲げるように意識しましょう。つま先は45°くらいに開いてください。

Ready

基本姿勢

15~20回
×３セット

※個人差があるので、はじめは気持ちよく行える回数でOK。

脚は肩幅に開き、両腕を前に伸ばしバランスをとりやすくしましょう。

これは NG!

上半身に重心がかかり、膝が前に出てしまうと、スクワットにならず、効果が得られません。ケガをしやすくなるばかりか、太ももが太くなるなどの違う効果がでてしまいます。

これは NG!

猫背になるのもNG。胸をしっかりと開くようにしましょう。腰に負担がかかりケガをしやすくなります。

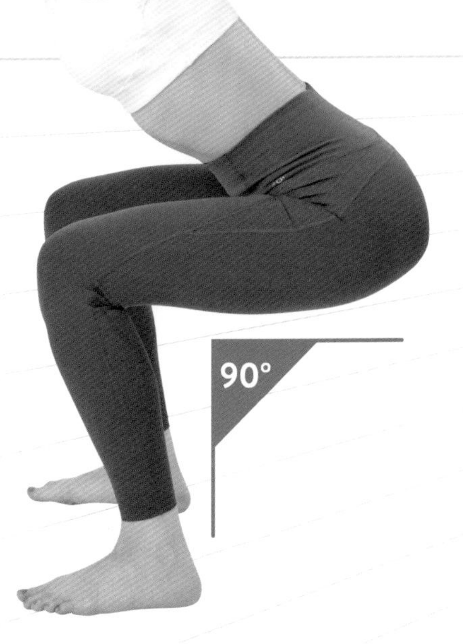

1 お尻を突き出すようにひざを90°になるくらいまで下げます。この動作を15〜20回、3セットを目安に行いましょう。はじめは無理をせずに、できる範囲で行ってください。

Lesson 2

（美尻・内もも引き締めトレーニング）

ワイドスクワット

Point 相撲の四股(しこ)踏み(別名、相撲スクワット)のようなつもりで行いましょう。しゃがんだときにかかとの上にひざがきていること。足は90°に開き、つま先の方向にひざを立てることを意識してください。

Ready

基本姿勢

15~20回 × 3セット

脚は肩幅に開き、角度を90°にして、両手を腕の前で組みましょう。

開いた脚の幅が狭いのはＮＧ。
内ももに負荷がかかりません。

これは NG!

ひざが内側に向いてしまうのもＮＧです。ひざのケガをしやすくなります。

これは NG!

前屈みになると内ももとお尻に負荷がかかりません。腰の運動になり、腰を傷めやすくなります。

正面から見たところ

開いた脚がコの字になるのが理想形です。

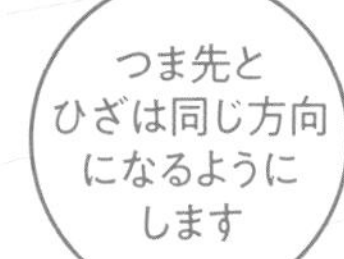

1 太ももと床が平行になるまでひざを曲げます。この状態で1秒キープします。この動作を15～20回、3セットを目安に行いましょう。

Lesson 3

(美尻・内もも引き締めトレーニング)

ドロップランジ

Point お尻を使っていることを意識して、胸はしっかりと開きましょう。つま先やひざの角度にも注意してください。

交差させた脚はなるべく遠くに引くようにします。後ろ脚のつま先が正面を向くようにしてください。

1 片方の脚を後ろで交差させます。

脚は肩幅に開き、両手を腕の前で組みましょう。

ひざが曲がりすぎたり、後ろ脚が近すぎるのは、バランスが崩れるので注意しましょう。

横から見たところ

前側のひざは90°に、引いた脚のすねが地面に平行になるくらいまで下げられればベストです。

2 1の状態でそのまましゃがみます。骨盤を前傾させた状態で1秒キープします。上に伸びるときには、前脚のかかとで地面を蹴るイメージで。反対の脚と交互に各10回行います。

Lesson 4

（美尻・美脚トレーニング）

ヒップリフト

Point かかとで床を蹴るようにお尻を上げましょう。この状態のとき、肩からひざまでが一直線になるように意識しましょう。

Ready

仰向けに寝て、両ひざを曲げます。両手は地面につけます。

足の位置が遠すぎると、もも裏を鍛えることになり、お尻に負荷がかかりません。

足の位置が近すぎると太ももに効いてしまいます。

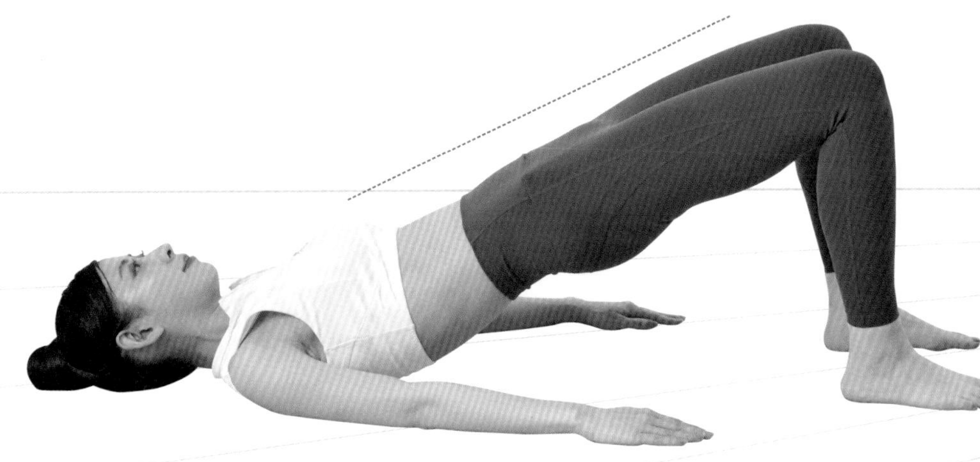

1 肩からひざが一直線になるように、かかとで地面を蹴るようにお尻を上げます。お尻をぎゅっと締め、1秒キープしたら、お尻を床につけます。20回を目安に行います。ひざを立てたときにかかとがひざの真下にくるようにしてください。ただし、太ももが疲れると感じる場合は位置の調整をしても構いません。

（アレンジ）

負荷が物足りないと感じる方は、片脚を引き上げるとより負荷が強まります。片脚で10回くらいを目安に行います。

Lesson 5

（美尻トレーニング）

クラムシェル

Point ひざだけを開くイメージで行いましょう。脚を開くときに、股関節が天井を向いてしまわないように、また、かかと同士が離れてしまわないように注意しましょう。

Ready

基本姿勢

片方 20回

ひざを曲げて横向きに寝ます。片方の腕は耳の下に、もう片方は胸の前につきます。

床についている脚が浮いたり、骨盤が開かないように（股関節が天井を向いてしまわないように）しましょう。

1 かかとは閉じたまま、上側のひざを開きます。この状態で２秒キープし、元の状態に戻ります。20回を目安に行います。反対側の脚も同様に行いましょう。

（美尻トレーニング）

ドンキーキック

Lesson 6

Point　脚を上げるときは、骨盤が傾かないように伸びきる限界まで上げましょう。

Ready

基本姿勢

片脚 20回 ×2〜3セット

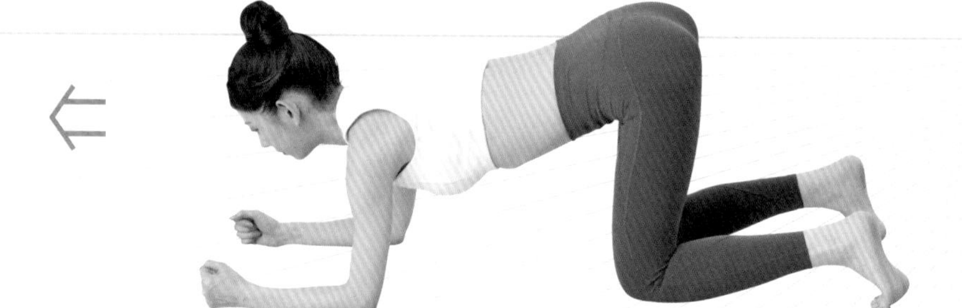

両ひじを床につけ、四つん
這いになります。

腰が反りすぎたり、骨盤が傾かないようにしましょう。

1 片側の脚を天井高く引き上げ、1秒キープし、床に下ろします、これを20回行います。引き上げた脚はなるべく曲がらないようにしましょう。反対側の脚も同様に行いましょう。

（美尻トレーニング）

アブダクション

Lesson 7

Point 上側の脚を持ち上げるときは、かかとが天井を向くようにして、勢いをつけずに斜め後ろに蹴り上げるのがコツです。このときに骨盤が傾かないように。つま先が天井を向いてしまうと太ももに効いてしまうので気をつけましょう。

Ready

基本姿勢

片脚
20~30回
×1セット

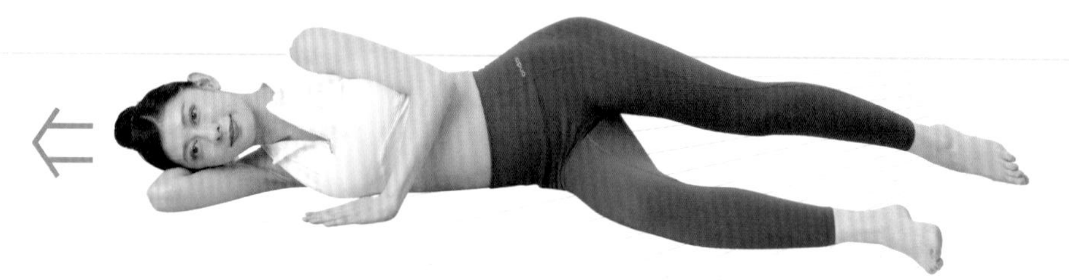

地面に近いほうのひざを曲げて横向きに寝ます。片方の腕は耳の下に、もう片方は胸の前につきます。

斜め後ろに蹴り上げるときに、骨盤が後ろ向きに傾かないようにしましょう。また、つま先が上に向くのもNGです。

1 上側の脚をかかとで斜め後ろに蹴り上げます。0.5～1秒キープしたら、元の位置に戻り、20～30回行いましょう。反対側の脚も同様に行います。

上から見たところ

脚は、骨盤が傾かない状態でなるべく斜め後ろ方向に蹴り上げましょう。

斜め後ろに
蹴り上げる

Lesson 8

（バストアップトレーニング） \ご自身の筋力に合ったレベルで行いましょう/

プッシュアップ

Point 手をついたら、肩ではなく胸を下ろすイメージで行いましょう。お尻を引いてはいけません。ひじの位置やフォームにも気をつけてください。

Ready

基本姿勢

ひざをついて
レベル3
15回

両ひざを床につき、両腕で上半身を支えます。このときひざから肩までが一直線になるように意識しましょう。お尻が下がらないようにします。

⇊

1 目線は前を向き、基本姿勢を維持しながら、ゆっくりとひじを外側に曲げたら、元の姿勢に戻ります。これを15回ほどくり返します。このときお尻を引かないように注意しましょう。胸に負荷がかかりません。

Ready

基本姿勢

壁に向かって、胸の高さで両手を壁につきます。

1 顔が壁のすぐ近くにくるまで、ひじを外側に曲げ、元の姿勢に戻ります。これを20回くり返しましょう。

Ready

基本姿勢

肩幅の2倍くらいの幅で両手をテーブルにつきます。

1 胸がテーブルのすぐ近くにくるまで、ひじを外側に曲げ、元の姿勢に戻ります。これを20回くり返しましょう。

Ready

基本姿勢

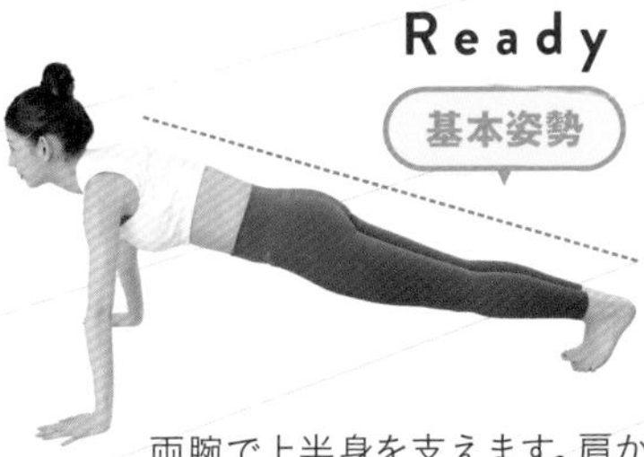

両腕で上半身を支えます。肩からかかとまでが常に一直線になるように意識しましょう。

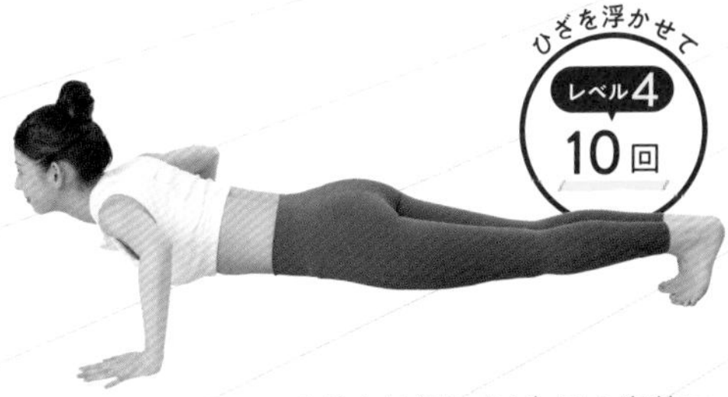

1 ひじを外側に曲げ、元の姿勢に戻ります。これを10回くり返しましょう。

（バストアップトレーニング）

パームプッシュ

Lesson 9

Point　ペットボトルは手の平の付け根側で挟み、両手の指はつけないようにします。指先側で挟むと違う場所に力が入ってしまうので注意しましょう。

用意するもの

500mℓ～2ℓの水の入ったペットボトル1本。

Ready

10回

脚は肩幅に開き、胸の前で両手の平でペットボトルを挟みます。

基本姿勢のときに、巻き肩にならないように注意しましょう。

1 ペットボトルを持ったまま、ボトルを絞り上げるように遠くへ突き出します。3秒キープしましょう。元の姿勢に戻ります。これを10回くり返しましょう。

Lesson 10

（美姿勢トレーニング）プランク

Point　ひじの位置は肩の真下か、少し前側になるようにします。肩からかかとまでが一直線になるように体をキープしてください。上体を持ち上げて、体がプルプルしだしたら、深層筋ではなく表層筋を鍛えてしまっているのですぐにやめましょう。

Ready

基本姿勢

30秒×2セット

うつ伏せになり、肩の下ぐらいにひじがくるようにして上体を起こします。つま先で脚を支えます。

⇓

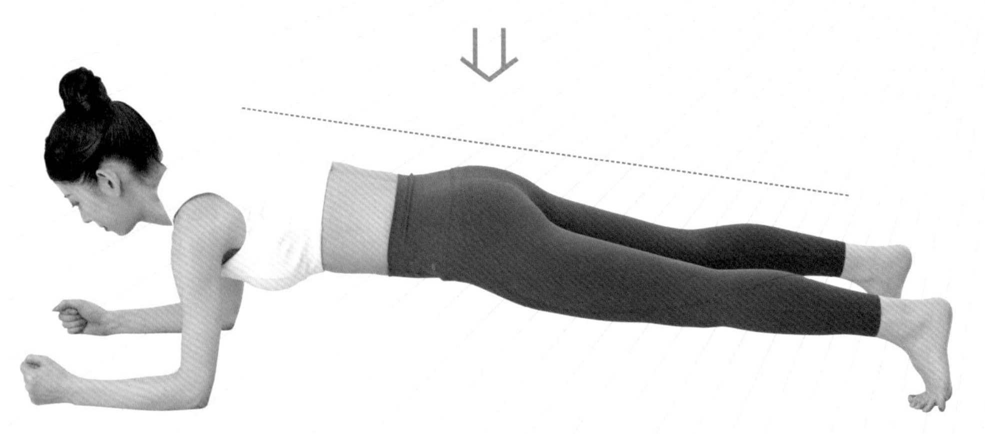

1　腰を浮かせ、背筋をまっすぐに伸ばし、30秒キープします。かかとから肩までが一直線になるように意識しましょう。元の姿勢に戻り、もう1回行います。

腰が上がってしまうと負荷が抜けてしまい、お腹に力が入りません。体力に自信がない方がやってしまうパターンです。

お尻が下がりすぎるのは、腰に負担がかかるのでＮＧ。お腹にも力が入りません。

（アレンジ）

うつ伏せになり、肩の下ぐらいにひじがくるようにして上体を起こします。ひざは曲げます。

⇩

30秒 ×2セット

1 ひざを曲げた状態で、腰を浮かせます。このときひざから肩までが一直線になるように意識しましょう。元の姿勢に戻り、もう1回行います。

Lesson 11

(美姿勢トレーニング)

スーパーマン

Point お尻、肩、腰を鍛えることができます。腕、脚を曲げないで伸ばしたまま、勢いをつけずに持ち上げることがコツです。勢いをつけて持ち上げると腰を傷めやすくなりますので注意しましょう。

Ready

基本姿勢

15回

うつ伏せになり、手の平を下にし、両腕を頭の上に伸ばします。

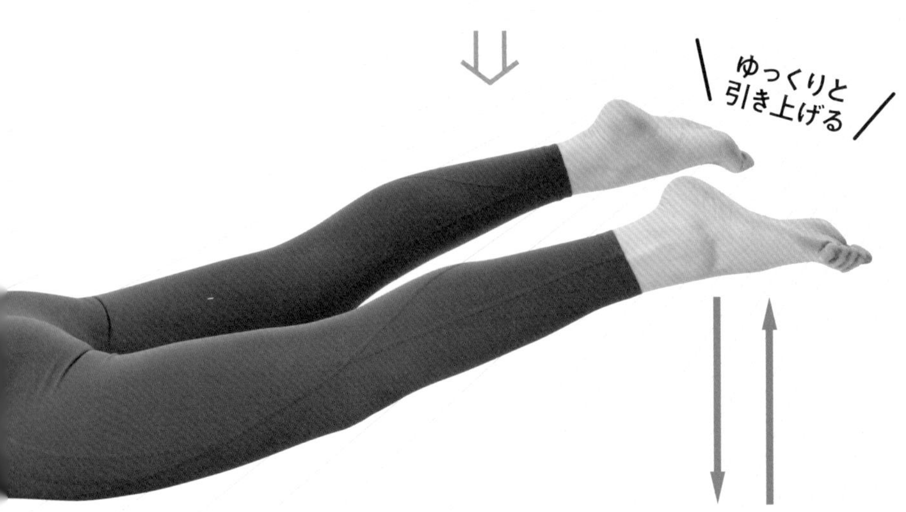

1 そのまま両手、両脚を天井に向けてゆっくりと引き上げ、0.5〜1秒キープします。元の姿勢に戻り、15回行います。

両腕と両ひざが曲がってしまうのは、負荷が弱くなり、よくありません。

(アレンジ)

上体を上げるのがきつい場合は、脚のみ天井に向けて引き上げましょう。

Lesson 12

（お腹引き締めトレーニング）

ドローイン

Point　お腹を地面に押しつけるようなイメージで息を吐ききりましょう。

脚は肩幅に開いて仰向けになり、ひざを立てます。

胸式呼吸をすると腕や肩が上がってしまいます。首がすくまないように。息を止めないようにしましょう。

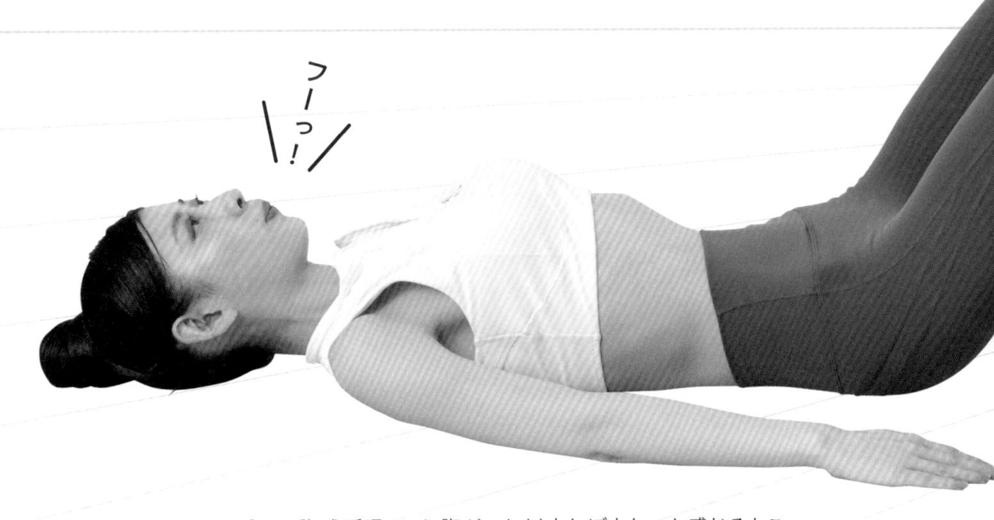

1 腹式呼吸で、お腹がこれ以上しぼまないと感じるところまで、息を吐ききります。もう一度地面にお腹を押しつける感じでへこませながら吐ききります。お腹を緩めながら息を吸います。これを5回くり返します。

Column 3

有酸素運動はダイエットに適している？

みなさんがイメージするダイエットには昔からジョギングというイメージが強く根付いてしまっていますが、ジョギングは痩せることに適した方法ではありません。

簡単に言えば､大変でお腹が空く割にはカロリー消費が少なく、頑張りすぎれば太りやすい体質にも繋がります。
空腹状態でのジョギングなどは、特に最悪で、体が省エネモードになるためにエネルギーの吸収力を高めてしまいます。

運動生理学での実験で、64人の被験者に1週間のうち4日間ジョギングする生活を3ヵ月間続けてもらって、体組成を計るという実験が行われたのですが､11％の人は体重が増え、11％は体重が減り､78％は変化なしという結果が出ています。

つまり、ダイエットにジョギングというのは優れた方法ではないのです。
ダイエットには筋力トレーニングの方が優れています。

深層筋美人でいるための生活習慣

深層筋美人の特徴は
「深層筋によってスリムに見えるのに
基礎代謝も高く肌もキレイで美姿勢な女性」と紹介しました。
ここでは、ストレッチや筋トレ以外に
気をつけていただきたい、
生活習慣について解説します。

基礎代謝における肝機能の役割を知る

基礎代謝とは、安静にしていても使用されるエネルギーのことです。実は私たちが運動や食事から消費するエネルギーは、体全体の消費エネルギーの約3割程だと言われます。多くは基礎代謝が約7割を占めているのです。基礎代謝は、寝ている間も消費され、内臓や呼吸など生命を維持するために必要なものです。つまり、基礎代謝が上がるとそれだけ消費エネルギーが増えて、痩せやすい体質になれるのです。

実は基礎代謝のトップを占めるのが肝臓で、次に脳、筋肉、腎臓、心臓と続きます。

肝臓は人間の体で皮膚の次に大きな臓器です。肝臓は、消化器官から取り込まれた栄養素を分解したり合成したり栄養素を利用しやすい物質にして貯蔵したりする働きを持っています。そのため基礎代謝において27%も占めているのです。

過度な飲食をすると肝機能が低下し、脂肪が蓄積しやすい体になってしまいます。逆に肝機能を高めることができれば基礎代謝が上がり、痩せ体質になれるので肝機能を高める生活習慣を心がけましょう。

消費エネルギーのおける各代謝の割合

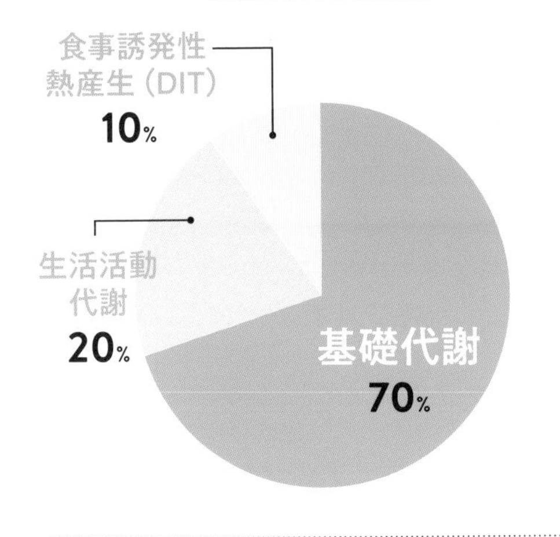

基礎代謝の内訳

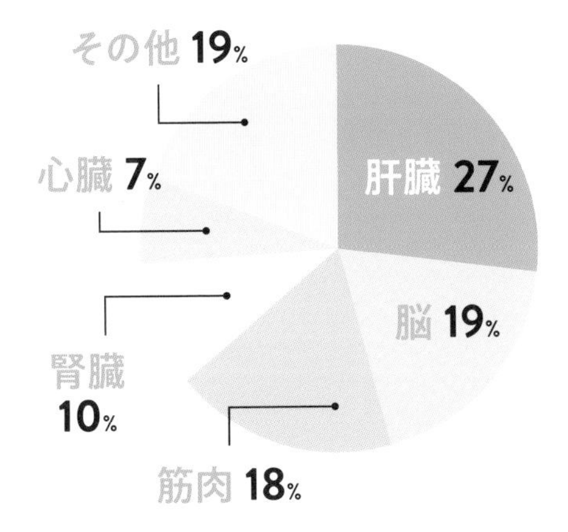

出典：FAO/WHO/UNU合同特別専門委員会報告　1989年参照

肝機能を高める生活習慣を

肝臓の働きを活発にするためには、まず肝臓に負担のかかる生活習慣を改めてみましょう。

●お酒の飲みすぎ

お酒を飲みすぎると肝臓でアルコールを解毒する仕事が増え、多くのビタミンやミネラルを消費してしまいます。肝臓が疲れすぎることで働きが弱くなってしまうので注意しましょう。

●食事は腹八分目に

食べすぎると、胃腸だけでなく肝臓にも負担がかかってしまいます。腹八分目を意識することで、食べたものが効率よくエネルギーとして使われるため、肝臓に脂肪がたまりにくくなります。

例えば、極端な糖質制限までは必要ありませんが、ごはんを小盛りにする、甘いお菓子を控えるといったことから取り組んでみましょう。

ほかにも、臓器や筋肉組織をつくるもととなるタンパク質、肝臓の働きを助ける必須アミノ酸（バリン、ロイシン、イソロイシンなど）、抗酸化作用のあるポリフェノールなどを積極的に摂取するのも良いでしょう。以下に代表的な食材を挙げておきます。

- タンパク質 ………… 肉類、魚介類、卵、大豆製品、乳製品など
- 必須アミノ酸 ………… 鶏ささみ、マグロ赤身、卵など
- ポリフェノール ………… 緑茶、高カカオチョコレートなど

スーパーで食品を選ぶときは必ず「原材料」を見てください。当たり前のように食べてきた食品のほとんどに食品添加物が使われていてきっと驚くと思います。特に注意していただきたいものをいくつかご紹介しておきます。

- ハムやソーセージなどの加工肉によく使われている亜硝酸ナトリウム
- 清涼飲料水によく使われているアスパルテーム、スクラロース
- 缶チューハイによく使われているアセスルファムK

これらを摂取する頻度が多いと肝臓に大きな負担がかかり、肝機能を弱めてしまいます。さらに発がん性のリスクも高めてしまうので摂取頻度には十分注意しましょう。

完全に食品添加物を摂取しないようにするのは難しいかもしれませんが、なるべく食品添加物や加工度の低い食品を選ぶように心がけてください。

老化の原因を取り除く習慣を

どれだけ美に良いことをしても、老ける生活習慣をおくることによって老化を早めてしまっては本末転倒です。いつまでもキレイで若々しくいるためには見た目年齢の老化を早めてしまう以下の原因を理解し、避けるようにしましょう。

●紫外線

実は老化の原因の8割は紫外線だと言われています。

肌に届く紫外線（UV）には、UVAとUVBの2種類があります。日焼けの原因となるのは全紫外線の約5％しかないUVBで、肌にジリジリと感じられるほどパワーが強く、春先からどんどん量が増え、夏にピークを迎えます。

一方、UVAはパワーが弱く、肌に浴びても気になりませんが、雲や窓ガラスも通過。しかも冬の間も大きく量が減ることはなく、1年を通じて大量に降りそそいでいます。

実は、このUVAこそ一般的にエイジング肌と言われるトラブルの大きな原因。

肌の奥まで到達し、コラーゲンやエラスチンにダメージを与えてしまうのです。

ＵＶＡはシワ・たるみの原因に。ＵＶＢはシミ・そばかすの原因になります。

ちなみに日焼け止めを選ぶときは、ＰＡ（ＵＶＡ・シワ、たるみ対策）、ＳＰＦ（ＵＶＢ・シミ、そばかす対策）と覚えておきましょう。

あとは、日差しの入る室内、曇りの日、照り返しの強いコンクリート、車の中。これらのシーンではＵＶ対策として特に気が緩みがちな方が多いので気を付けてください。

●酸化ストレス

私たちの体には、活性酸素から生体を防御する「抗酸化」という働きが備わっていますが、加齢によってその働きは低下すると言われています。

老化の原因の一つは、抗酸化力の減少に伴う活性酸素の増加から起こる「酸化ストレス」だと言われています。

人は呼吸を通じて酸素を取り込み、生命を維持しています。酸素の一部は、さまざまな刺激を受け、ほかの分子と結びつくことで体内で活性酸素に変化します。
この活性酸素は有害物質を除去する免疫機能として働く一方、過度に肉体的・精神的ストレス、激しい運動、喫煙、紫外線、大気汚染などの影響を受けて過剰に増加すると、細胞を傷つけ、老化を引き起こしてしまいます。処理できない活性酸素が体内に蓄積されると、体に悪影響を及ぼす恐れもあります。

●糖化

肌の糖化とは、食事などから摂取した糖分（ブドウ糖などの還元糖）のうち、エネルギーとして使われなかった過剰分が体内のタンパク質と結合し、細胞にダメージを与えてしまう現象です。

糖分とタンパク質の結合によってAGEs（Advanced Glycation End products:終末糖化生成物）が生成されることを「糖化反応（メイラード反応）」と言います。血管や皮膚はタンパク質からできており、糖化により、細胞や組織の機能が低下することで、血圧上昇や心臓疾患、脳血管疾患、美容面ではシミやたるみといった老化現象として現れるのです。

●睡眠不足

過去の研究では、睡眠不足により、皮膚の細胞の染色体が不均等になり、肌の弾力性が失われることが確かめられています。人は誰もが老いますが、たった一晩の睡眠不足が細胞のダメージを引き起こし、老化スピードを加速させるのに加え、病気にもかかりやすくさせることが分かっています。

●肌の乾燥

肌の乾燥はシワの原因にもなりますし、きめの細かさやハリのある肌を保つためにも避けるようにしましょう。高価な化粧水や美容液などは買わなくていいので、肌から水分が蒸発しないようにしっかり保湿ケアを行いましょう。

ちなみにですが、世の中には数万円する化粧水や乳液、美容液などもありますが、これらは「角質層まで浸透する」などと言っていますが、はっきり言ってほとんど意味などありません。そもそも角質層まで浸透したところで肌はキレイになりません。

むくみを予防する

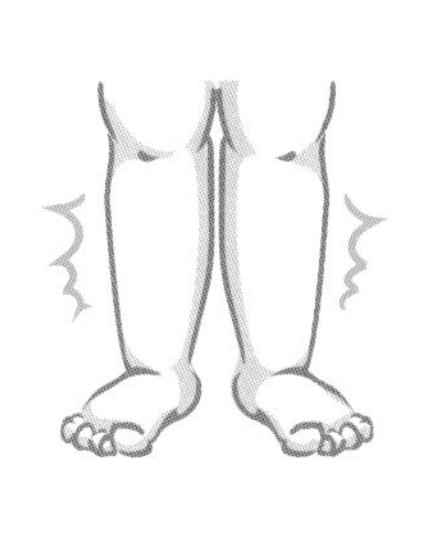

むくみは医学的には浮腫(ふしゅ)と呼ばれています。

血液の中にある水分が何らかの原因によって血管から浸み出し、足や顔、体のどこかにたまってしまっている状態のことを言います。

筋肉を使わないとリンパ管による水分の調整ができず、むくんで腫れてしまいます。例えば、デスクワークで一日中座りっぱなしですと、足の筋肉がほとんど動いていないため、足がパンパンにむくむことになります。

足を動かすと筋肉は収縮と弛緩を繰り返します。その筋肉の収縮と弛緩の動きはリンパ管にも作用して、リンパ管内のリンパ液が一定方向に押し出され、結果としてリンパ液の流れが良くなります。これを「筋肉のポンプ作用」と言います。

次のページに挙げるようなことでむくみは起こりやすくなりますから、思い当たることがあれば、毎日の習慣から改めましょう。

むくみを引き起こす原因

1

生活習慣の乱れ

生活習慣の乱れはむくみの大きな原因の一つです。塩分や糖分を多く摂取する食事をとっていたり、無理なダイエットを行っていたり、睡眠不足などもむくみの原因となります。極端に食事を制限したり、摂食障害で栄養不良が続くようなことは避けましょう。

2

長時間同姿勢

運動しないことで筋力が低下し、むくみを引き起こしやすくなります。ふくらはぎは静脈ポンプと呼ばれ、血液を上に押し上げるはたらきがありますが、立ち仕事や、足がぶらぶらした状態で座っているなど同じ姿勢を続けていると、ポンプがうまくはたらかず足がむくみやすくなります。また高齢者のように、素早く動けないことが多い場合や、筋肉量が低下した場合もむくみが生じます。

アルコール摂取

アルコールには血管内の脱水を起こす作用があるため、体が水分不足だと感じてしまい、血管内に水分を取り込んでしまいます。その際に調整がうまくいかず、むくみを発生しやすくなります。

ホルモンバランスの乱れ

女性は、生理前にむくみやすい傾向があり、排卵後にプロゲステロンの分泌が増えるとむくみが起こりやすくなります。また、更年期には、エストロゲンの減少により、血管の収縮や拡張をコントロールする自律神経の乱れにより、むくみが起こります。

冷え

体が冷えると血流が悪くなり、水分をためこみやすくなるため、むくみにつながります。また足首周りが冷えると、ふくらはぎの筋肉が硬くなって静脈ポンプのはたらきが落ちるので下半身のむくみの原因となります。

キレイに痩せるための
ダイエットのコツ

突然ですがみなさんにとって「ダイエット成功の定義」とは何でしょうか？

世間の多くの人は「痩せること」と答えると思いますが、この考えを持つことは非常に危険だと感じています。

私は大手ジムで、一時的に痩せて、その後すぐにリバウンドしてしまう人を数多く見てきました。

まだまだ世間では短期間に何十kgも痩せられるダイエットが魅力的だと感じている人が多いと思いますが、これはとても危険なことです。

つい痩せるスピードを求めて「◯◯ヶ月で◯◯kg痩せる◯◯制限ダイエット」や、「たったの◯◯日間集中ダイエット」のような人間を破滅に追い込むようなダイエットに目を惹かれてしまう人がとても多いのです。

それがどんなに恐ろしいことなのか、私は本当にみなさんに理解してほしいのです。

● 一時的に痩せることの危うさ

はっきりと断言しますが、一時的に痩せるのであれば痩せない方がずっとましです。私のダイエット成功の定義は「痩せること」ではなく「痩せてその後一生太らないこと」です。

では、一生太らないためにはどうすればいいのか、これを理解するにはまずダイエットは「イベント」ではなく「習慣」であることを理解する必要があります。

そもそも、「極端に痩せようとすると痩せにくくなる」という事実は、30年以上前に明らかにされていたことだったのです。

1986年に、太らせたラットの餌を調整して体重の減少と増加を繰り返したら、その後の体質にどのような影響があるのかという実験が行われました。

太らせたラットの餌を半分に減らし、痩せたら餌を増やすという実験を2回行ったのですが、最初にラットの体重が約130g減るまでにかかった時間は2日間でした。

そして、餌を増やして元の体重に戻し、また同じように餌を半分に減らしてみると、恐ろしいことに、2回目の時に体重が約130g減るまでにかかった時間は6日間だったのです。

つまり同じ食事制限をしたのにも関わらず、1回目の時に比べると、体重が減るのに約3倍の時間がかかったのです。

●省エネモードがリバウンドを助長する

驚くべき事実はこれだけではありません。

実はリバウンドまでの時間にも変化があり、減らした体重が元の体重に戻るまでにかかった時間は、1回目の時は29日間だったのですが、2回目の時には10日間で元に戻ってしまったのです。

つまり、体重は約3倍減りにくくなり、約3倍増えやすくなっていたのです。当たり前ですが、もちろん全く同じ内容の餌を与えた結果です。

減量とリバウンドを繰り返すことによって、ラットの体は省エネモードに切り替わり、できるだけ摂取したカロリーを蓄えようとする体質に変化したのです。

「でもラットでの話でしょ?」と思った方もいるかも知れませんが、これはラットだけに限られたことではなく、我々人間も同じ性質を持っています。

食べ物が溢れている先進国で暮らす我々には、ありがた迷惑な性質に思えるかもしれませんが、この生命を維持するために備わった性質のおかげもあって、我々人類は生き延びてこられたのです。

カリフォルニア大学ロサンゼルス校では、人間を対象にしたダイエットに関するさまざまな長期研究が行われていて、ある研究では被験者の66％の人が、ダイエット後にリバウンドし、ダイエットする前よりも体重が増えてしまったという調査結果も出ています。

もしかしたら「66％の人はもともと太りやすい体質だったんじゃないの？」と思う方がいるかもしれないので、念のためもう1つだけ面白い研究結果のお話をします。

フィンランドのヘルシンキ大学でも、興味深い研究が行われました。同じ遺伝的特徴をもった約4000組の双子を比較した研究で、双子のうち1人だけ食事制限ダイエットを行なってもらいました。

すると結果的にダイエットを行った方が後々体重が増え、その後もダイエットを試みるたびに体重がさらに増えていきました。無理にダイエットをしたことによって体が危機に備えるための体質に変化したのでしょう。

ここまで読んでいただければ充分理解していただけたかと思いますが、残念なことに世の中にあるダイエット法のほとんどが、実は逆効果であるのにも関わらず、一時的に痩せることのみにとらわれた考え方をして、その後どうなってしまうのかを考えていないものが多すぎるのです。

これまでにダイエットに関する研究は数えきれないほど世界中で行われてきているのですが、その研究の大半が被験者の追跡調査を長期的に行っていないものばかりです。

短期的な研究に比べて、長期的な研究はほんのわずかで、世間で大きく話題にされる事はありません。その原因は何でしょうか？　長期的な研究結果は、お金儲けをしたいフィットネス業界が望むものではないからです。

今より美人になるためにダイエットをしたのに、たるんだ皮膚によって老け込んでしまう人を私はたくさん見てきました。そんな人を絶対に増やさないために私は深層筋調整メソッドで独立してパーソナルジムを立ち上げたのです。

太りやすい体質にならずに痩せたいのであれば、ゆっくりと徐々に痩せるべきです。一番やってはいけないことが短期間で痩せることなのです。

Column 4

リンパマッサージの効果について

「むくみを解消するためにはリンパマッサージが効果的である」と大半の方が思っているかもしれませんが、リンパマッサージはそれほど効果はありません。一時的にむくみが多少収まったとしても、12～24時間で元に戻ってしまいます。

巷では「リンパの流れを良くすれば脂肪がドバドバ流れて激痩せできる」といった情報がたくさん出回っていて、本やSNSなどでバズっていますが、ハッキリと断言します。これは嘘です。そのような医学的根拠は一切ありません。

「美容」という観点から見たらリンパマッサージをする必要はありません。
むくみをとるという目的であれば仰向けになって寝ているだけで同等の効果があるということが実験によって分かっています。

リンパの役割は「免疫」と「排泄」ですが、脂肪を排泄するのではありません。つまり、残念ながらリンパマッサージで体脂肪を減らすことはできないのです。少なくとも現時点では医学的根拠は世界中どこを探しても見つからないので「嘘」ということになります。

ついでにお話ししますが「リンパがつまる」という表現をよく耳にしますが、もし本当にリンパ管がつまってしまったら、リンパ浮腫などの疾病になってしまいます。流れが悪くなることはありますが、「つまる」ということはほぼありません。

深層筋美人になるための食事法

基礎代謝が高く、
肌もキレイな深層筋美人になるには、
栄養バランスのとれた食事が必要不可欠です。
栄養バランスのとれた食事とは何なのか、
またその中で積極的に食べるべき食材をご紹介します。

バランスの良い食事が基本になる

本章では、肌が美しくなるためのおすすめの食材をいくつかご紹介しますが、「これを食べていれば必ず美肌になる」という食材はこの世に存在しません。なぜなら大前提としてバランスの良い食事をしていなければどれだけ美容に良い栄養素を摂ったとしても、美容成分を吸収するのには限界があるからです。

人の体には、五大栄養素と言われるタンパク質・脂質・炭水化物のほか、ビタミン、ミネラルなどの栄養素が必要です。実はたくさん摂取している栄養があっても、どれか一つが不足していれば、健康な状態は保てません。必要な栄養素をバランスよく摂取して、必要量を満たすことが大切なのです。

みなさんは「ドベネックの桶」をご存じでしょうか？　これは下の図でお示しするように、「リービッヒの最小律」という植物の成長の仕組みを例え

リービッヒの最小律

体に必要な栄養は糖質、脂質、タンパク質、ビタミン、ミネラル、カルシウム、水、食物繊維など。どれかが不足すると、不足した板は低いままで水が流れてしまい、効果が発揮されないのです。

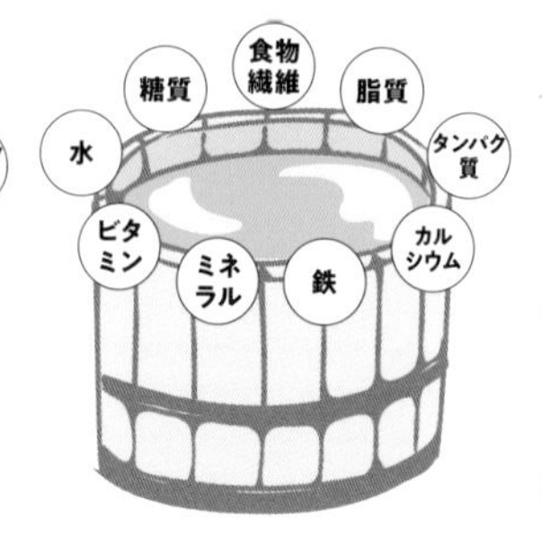

たものです。植物の生長速度や収穫量は、必要とされる栄養素のうち、与えられた量のもっとも少ないものにのみ影響されるとする説です。

桶の中の水が植物の生長量、板が生長に必要な栄養素や養分です。たくさん摂れている養分の板は高くなりますが、不足している養分の板は低いまま。結局、そこから水が漏れていってしまいます。

このように、植物の生長には、最も少ない栄養素が関係するというわけです。一つの板を高くするのではなく、バランスよくすべての板を高くすることが大切なのです。

この理論は人間の体にも当てはまります。つまり、「すべての要素をバランスよく補給する」ということが大前提で、どれかが不足しては、効果を期待できないのです。

それではバランスの良い食事というのは何なのでしょう。まず、「まごわやさしい」と覚えておいてください。「まごわやさしい」は、和の食材7種類の頭文字をとったもので、良質の栄養素が含まれており、これら7種類の食品を毎日摂り入れることで、バランスの取れた食事ができます。

大豆をはじめ、豆類には良質なタンパク質、脂質、炭水化物、食物繊維、ミネラル、ビタミンなどがバランスよく含まれています。大豆といえば納豆や豆腐がおなじみの食材ですが、そのほかにも、小豆や黒豆、油揚げ、高野豆腐も「ま」に含まれます。

ごま以外に、アーモンドや栗、ぎんなん、ピーナッツなども含まれます。特にごまにはオレイン酸やリノール酸などが含まれているほか、タンパク質も豊富です。ごま和えやピーナッツ和えなどで普段の食事に応用しましょう。

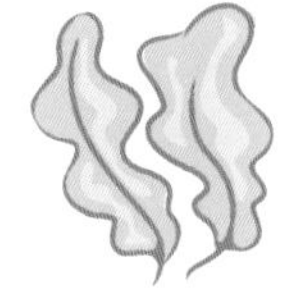

わかめなどの海藻類を表し、ミネラルが豊富です。昆布、ひじき、もずくなども含まれます。歯ごたえがよく低カロリーなので、ダイエット中の方にも向いています。中でも昆布はカルシウムや食物繊維を多く含む食材です。

野菜には、ビタミン類、食物繊維などの栄養素が豊富です。独自の栄養素を含む野菜もあるので、緑黄色野菜、淡色野菜などからいろいろな野菜を取り入れましょう。中には加熱によって栄養素が損なわれてしまうものもあるため、調理方法も工夫したいところです。

魚の中でも特に青魚には、体内で作ることのできない必須脂肪酸であるDHAやEPAなどの良質な脂質やタンパク質が含まれています。サバ、マグロ、アジ、イワシ、サンマなどの青魚や銀ダラ、鮭、イカなどがおすすめです。

しいたけをはじめ、きのこ類はとにかく食物繊維が豊富でかさまし食材として使うことで、低カロリーでヘルシーな食事になります。特に「白きくらげ」はとても美容効果が高く、「植物性コラーゲン」とも呼ばれていて、ヒアルロン酸以上の保湿効果があります。

主食になるほど炭水化物を豊富に含んでおり、エネルギー源となる食材です。 熱を加えても壊れにくいビタミンCやカリウムも豊富に含まれています。じゃが芋やさつま芋、里芋、長芋など多くの種類があります。

朝食を抜いてはいけない

朝起きたとき、体には前日に食事で摂取した分のエネルギーは残っていません。そのため筋肉をエネルギーとして使う糖新生が始まります。

糖新生とは、簡単に言うと「筋肉が分解されて、筋肉量が落ち基礎代謝が下がる」と言う事です。朝食を抜いて昼まで何も食べないでいると、血糖値がどんどん下がってしまい、次に食事をしたときに血糖値が一気に上がることになります。そうなると、血糖値を下げて、脂肪を合成するホルモン「インスリン」が過剰に分泌されて、脂肪がつきやすくなってしまいます。

血糖値の乱高下を防いで脂肪をつけないためにも、朝、食事をすることは、体型維持に非常に大切なのです。

昨今では「16時間断食」（1日のうち16時間は何も食べないであとは自由に飲み食いしていいというプチ断食）など、空腹時間を長くとるダイエット法が流行っており、1食目を昼食にすると手軽に16時間断食ができたりすることから、朝食抜きにするやり方が流行っていますが、私はお勧めしていません。
まずは、朝食を抜くことのデメリットについて具体的に解説いたします。

●集中力が上がらなくなる

睡眠中に低下した体温を上昇させ、体を目覚めさせるのに朝食は欠かせません。朝食を抜くとうまく体温が上がらず、エネルギー代謝の低い状態が持続することになります。そうした状態で仕事や勉強に取り組んでも、思うようなパフォーマンスは発揮できないでしょう。
また、脳の主なエネルギー源であるブドウ糖は体内に大量に蓄えておくことができません。朝食から炭水化物を含む食事でブドウ糖を補給しないと、1日の脳の活動に必要なエネルギーが不足してしまい、集中力や記憶力の低下に繋がります。

●太りやすくなる

単純に摂取カロリーが減るので、朝の食事を抜くとダイエットに繋がると考える方もいるかもしれません。しかし、実際には朝食抜きは痩せるどころか太りやすくなります。
16時間断食にも当てはまりますが、朝食を抜くと、前日の夕食から当日の昼食までの間に何も食べないことになり、食事の間隔が空きすぎてしまいます。その結果、体は次に食べ物が入ってきたときに、よりエネルギーを蓄えようとするため、太りやすくなってしまいます。
また、朝食抜きで昼食を食べると、食後の血糖値が上がりやすいとも言われています。血糖値が急激に上がると、インスリンが過剰に分泌されて、余分な糖が脂肪として体内に蓄えられるため、体脂肪の増加につながるのです。

●便秘になりやすくなる

便秘で悩んでいる方もいるかと思いますが、朝食を抜くと便秘になりやすいのをご存じでしょうか?
朝食を食べると、腸のぜん動運動が促され、スムーズな排便につながります。一方、朝から何も食べないと大腸のぜん動運動が鈍くなり、便秘になりやすくなるのです。
もし、便秘気味の方で朝食抜きが習慣になっているのなら、それが便秘の原因になっている可能性は否定できません。スムーズな排便を促すには、朝食を摂るのがお勧めです。

美容に良い成分と食材

「まごわやさしい」を日頃食べることを大前提として、ここからはいよいよ美容に関わる栄養素についてご紹介していきます。先述した「ドベネックの桶」を補うように、さまざまな野菜や魚、肉、油を摂取することでキレイは作られます。

まずは美容に関するビタミンの働きを理解しましょう。

ビタミンとは、エネルギー産生栄養素である糖質・脂質・タンパク質の代謝を円滑に進めて潤滑油のような働きをする栄養素です。食品に含まれている栄養素のうちビタミンと呼ばれているものは13種類あり、体の中でさまざまな働きをしています。13種類あるビタミンは、脂溶性ビタミンと水溶性ビタミンの2つに分けられます。水溶性ビタミンには、「ビタミンC、ビタミンB_1、ビタミンB_2、ビタミンB_6、ビタミンB_{12}、ナイアシン、パントテン酸、葉酸、ビオチン」の9種類があり、ビタミンC以外はまとめて「ビタミンB群」と呼ばれることがあります。

脂溶性ビタミンには、「ビタミンA、ビタミンD、ビタミンE、ビタミンK」の4種類が該当します。

ビタミンの種類

油に溶けやすい性質をもつ 脂溶性ビタミン	水に溶けやすい性質をもつ 水溶性ビタミン
・ビタミンA ・ビタミンD ・ビタミンE ・ビタミンK	・ビタミンC ・ビタミンB群 （B_1、B_2、B_6、B_{12}、ナイアシン、パントテン酸、葉酸、ビオチン）

美容に関わる成分と働き

● ビタミンA（βカロテン）

皮膚や粘膜の健康を維持したり、抗酸化作用によるアンチエイジング効果や免疫を強化するなどの働きがあります。βカロテンを摂取すると、体内でビタミンAに変わります。ビタミンAには、皮膚や粘膜を守る作用があるので、乾燥による肌荒れをしっかり予防してくれます。

食材 オリーブオイル、ケール、春菊、アボカド、小松菜、かぼちゃ、にんじん、ほうれん草、オクラなど

● ビタミンD

カルシウムの吸収促進、骨の成長促進、血中カルシウム濃度を調節する重要な役割のある栄養素で、健康な骨を維持するために欠かせない、脂溶性のビタミンです。

食材 鮭、ウナギ、キクラゲ（黒）、きのこ類、卵など

● ビタミンE

酸化をおさえ、血管の老化や生殖機能維持にも働きます。

食材 オリーブオイル、ケール、アボカド、小松菜、かぼちゃ、さつま芋、アーモンドなど

● ビタミンC

ビタミンCは、美肌成分としても有名で、コラーゲンを作るために必要不可欠な成分です。また、シミ・しわの要因となるメラニンの生成を抑えるため、紫外線による影響が気になる方は積極的に摂取しましょう。

食材 トマト、ケール、アボカド、小松菜、カリフラワー、枝豆、ほうれん草、ピーマン、れんこん、さつま芋、長芋など

● ビタミン B_1

疲労回復や糖質の代謝を促します。

食材 アボカド、長芋、カシューナッツなど

● ビタミン B_2

脂質の代謝を促して皮膚や髪、爪の再生を助けてくれます。

食材 アボカド、レバー、ウナギなど

● ビタミン B_3（ナイアシン）

シミやそばかす、肌の老化、さらにニキビなどの肌荒れを予防してくれます。

食材 タラコ、カツオ、マグロ、レバーなど

● ビタミン B_6

皮膚の新陳代謝である「ターンオーバー」を促します。

食材 さつま芋、マグロ、カツオ、鮭、バナナなど

● ビタミン B_9（葉酸）

これも細胞の生成を助けてくれるのでターンオーバーを促します。さらに紫外線などでダメージを受けた皮膚を健康的な肌状態へと導いてくれる効果があります。

食材 レバー、菜の花、芽キャベツ、モロヘイヤ、ブロッコリー、枝豆、オクラなど

● ビタミン B_{12}

肌の新陳代謝を促進し、健康な肌を維持するのに役立ちます。さらにキレイな髪の維持や艶やかな爪を保つのにも必要な栄養素です。

食材 牛肉、豚肉、鶏肉、鮭、マグロ、サバ、アジ、卵など

● オレイン酸

オレイン酸はオリーブオイルには約70%含まれ、主要成分。「抗酸化作用」があるので老化予防に期待できます。また、血中の悪玉コレステロールを減少させ中性脂肪の蓄積を抑える働きや、お通じをスムーズにする効果もあるため、体の中からキレイを作るお手伝いをしてくれます。

食材 オリーブオイル、マカダミアナッツなど

● ポリフェノール類

さまざまな外的環境から肌を守ります。また、シミの元になるメラニンの生成を予防します。

食材 オリーブオイル、れんこん、くるみなど

筋肉をつけるための食材

見た目を美しくするために美肌は重要ですが、体型も重要なので、ここからは体型を魅力的にするために必要な、「筋肉」をつけるために効率の良い食材をご紹介します。

肉類は、動物性タンパク質のほか、ビタミンや鉄といった栄養素も含まれる食品です。肉の種類や部位によってエネルギー量や栄養素量が異なるため、タンパク質摂取が目的の場合は、「何の肉の、どの部分を食べるか」まで意識するとより良いでしょう。例えば、同じ豚肉でも、バラとヒレではヒレのほうがタンパク質は多く、脂質は少なめです。タンパク質の多い肉類は、鶏ささみ、鶏むね肉、豚ヒレ肉、牛ヒレ肉、牛もも肉、ラムもも肉です。

ちなみに肉や魚を火を通して食べる場合、ヘルシーな調理法の順番は「煮る」「焼く」「揚げる」です。揚げ物は太りやすいだけではなく、ＡＧＥｓという老化物質を体内にため込んでしまい、老けやすくなってしまうのであまり頻繁には食べないことをお勧めします。

鶏肉

牛・豚肉と同じくらいのタンパク質の量ですが、淡白で柔らかく、消化の良いのが特徴です。タンパク質にはメチオニンという成分を多く含み、脂肪肝の予防に効果的です。脂肪は牛・豚肉の脂質とは違い、コレステロールを減らす不飽和脂肪酸が多く含まれています。また、ビタミンAが多く含まれ、牛・豚肉の10倍もあります。肌荒れ、夜尿症などにも効果的です。

- **もも肉** … 鉄分が豊富で増血作用に優れています。
- **胸肉** …… ナイアシンが豊富で口内炎や神経性胃炎の予防に効果的です。
- **ささ身** … 脂肪をほとんど含んでおらず高タンパク低脂肪食品としては肉類のトップの座を占めます。
- **手羽先** … ビタミンはピーマンをしのぐほどで、コラーゲンも豊富に含まれています。

豚肉

牛肉と比較して同程度のタンパク質の量ですが、肉類の中では最もアミノ酸のバランスに優れています。また、脂肪分は牛肉より少なくなっています。豚肉の特徴はビタミン B_1 が豊富なこと。牛肉の10倍も含まれており、赤肉150gで1日の必要量をまかなえるほど含まれています。

- **ヒレ** …… ビタミン、ミネラルに富み、ビタミン B_1 はバラ肉の2倍含まれます。
- **ロース** … バラ肉に次ぎ脂肪豊富です。
- **もも肉** … 脂肪が少なく、皮膚病や血栓を防止するナイアシンを含んでいます。
- **バラ肉** … もも肉の10倍の脂肪があります。
- **豚足** …… コラーゲン等のゼラチン質に富み、増血作用があり、産後の乳が出ない人に有効です。

● 牛肉

良質のタンパク質、脂肪、鉄分などを多く含み、栄養価の高い食べ物。鉄分は豚肉よりも豊富で、貧血、冷え性には効果があります。脂肪は肉類の中でも最も多く含まれています。ただし、ほとんどが飽和脂肪酸ですのでコレステロール値の高い方は食べる部位に注意が必要です。

- **ヒレ** …… 低脂肪で高タンパクです。
  ロースに比べると鉄分が多く含まれます。
- **ロース** … ヒレと比べて脂肪が非常に多く、
  生活習慣病には要注意です。
- **もも肉** … ヒレ肉と同様低脂肪、高タンパクです。
- **バラ肉** … ロースと同じ。
- **すね肉** … この部位はコラーゲンが多く含まれ、
  血管を丈夫にして脳出血を防いだり、
  皮膚の潤いを保つ効果があります。

● ラム肉

ラム肉は他の肉と比較して「カルニチン」という栄養素が多く含まれています。カルニチンは体内の脂肪を燃焼させる働きがあるのでお勧めです。さらに、ラム肉に多く含まれているビタミンは、ビタミン B_1、ビタミン B_2、ビタミン E です。肉類には意外と多くビタミンが含まれているのですが、ラム肉には特に肌に良いビタミンが含まれているので、美容効果も期待できます。

● 卵

卵は、必須アミノ酸をバランス良く含んでいる食品で、良質なタンパク質を摂取できます。鶏卵には、100gあたり約6gのタンパク質が含まれています。

● 豆類

豆類は、植物性タンパク質の中ではアミノ酸スコアがとても良く、良質なタンパク質を効率的に摂れる食品です。脂質、炭水化物、ミネラル類、ビタミンB群、ポリフェノール、食物繊維なども構成成分の一つであり、健康にも美容にも高い効果を発揮します。タンパク質が多いのは、大豆、納豆などです。

● 乳製品

乳製品には、動物性タンパク質をはじめ、体の機能を維持・調節するミネラルの一つであるカルシウム、ビタミンA、B_2、B_{12}、脂質などが含まれます。ただし、乳脂肪分は過剰摂取すると腸内環境が悪くなる可能性があるので摂りすぎには注意しましょう。

低脂肪・高タンパクの食品を摂ることを心がけましょう。そのためには、以下の3つのポイントを覚えておきましょう。

1. **余分な脂肪を摂りすぎないように、調理法を工夫する。**
2. **肉の脂肪分は避けて、できるだけ赤身肉を選ぶ。**
3. **肉だけでなく、野菜や炭水化物もバランスよく摂取する。**

Q&A

体型やダイエットについて寄せられる質問についてお答えします。思い当たることがあれば改めてください。

Q1

お風呂やサウナなどに長時間入っていると代謝を上げることができますか？

A1

体を外から温めても代謝は上がりません。お風呂で半身浴をしたり、サウナに長時間入って汗を流すと、なんとなく痩せたような気になり、代謝が上がったような気がするという人は少なくありません。しかし残念ながらまったく痩せてもいなければ代謝も上がっていません。

外部からの熱で汗が出るのは、体の危機管理能力によって体の表面の温度を下げるためです。汗を流しすぎて体から水分が抜けると脱水状態になり、水分が70％を占める筋肉の動きが悪くなって、筋肉量も減ってしまいます。そうなった場合、むしろ基礎代謝や消費エネルギーはどんどん低下していってしまいます。

トレーニングによって筋肉が作り出した熱で汗をかけばエネルギーは消費されます。逆に、どんなに外から体を温めたとしても、エネルギーは一切消費されず、基礎代謝も全く上がりません。

Q2 ふくらはぎが筋肉太りで悩んでいます。治すことができますか？

A2 もちろん治すことができます。筋肉太りに悩んでいる方はたくさんいますが、私が見てきた方の多くは姿勢や歩き方に問題がありました。

普段は全く運動をしていないのに、ふくらはぎの筋肉が気になるという方は、姿勢や歩き方が原因で筋肉が付いてしまっている可能性があります。

例えば姿勢が悪いと重心が傾きがちなので、バランスを取ろうとふくらはぎの筋肉に力が入ります。また歩幅が狭いとお尻の筋肉がほぼ使われず、ふくらはぎの筋肉で補っていることがあります。正しい姿勢を維持すると普段使えていない筋肉を使うことができて、ふくらはぎの筋肉への負担を減らすこともできます。筋肉がすぐに小さくなることはありませんが、発達しすぎてしまうのをある程度防ぐことができるでしょう。やはり歩き方を見直す必要があります。

足を着くときはかかとから入り、つま先に体重を移動させながら足を離すことが重要です。つま先から着いてしまうとＮＧです。足を離すときは、小指の付け根である「小指球」、そして親指の付け根である「母指球」で地面を押しましょう。

Q3 腰回りに肉がついていてなかなか落ちないのが悩みです。

A3 腰回りにぜい肉がついてしまうのが原因ですが、運動不足や加齢などで体の筋肉が落ちると、腰回りについたぜい肉が「たるみ」となって現れます。また、見た目にたるむだけでなく、筋力の低下により基礎代謝が落ちるため、脂肪がつきやすい状態になるとも言えます。

体重が増えていないのに体脂肪率が増えた場合は、筋肉が落ち、脂肪が増えた可能性を疑いましょう。

あとは、猫背や反り腰などの姿勢の悪さも原因として考えられます。悪い姿勢は腰痛や肩コリなどの不調だけではなく、腰回りが太る原因にもなります。

姿勢が悪いと本来使うべき筋肉が使われず、深層筋が弱くなってしまい体幹が弱くなります。深層筋がなまけると、骨盤が傾いてお腹はポッコリ、腰回りはどっしりしてきます。また、腰回りのバランスが崩れ、たるんだり脂肪がつきやすい状態になったりします。

多くの女性が悩む骨盤のゆがみも、腰回りに脂肪が蓄えられる原因の一つです。

骨盤は上半身と下半身をつなぐ、全身の土台。ゆがむことで肩こりや下半身太りなど全身に不調が現れるほか、腰回りに脂肪がつきやすくなることも特徴です。

骨盤のゆがみは血流を悪化させ、周辺の股関節やお尻の筋肉も硬くなりがちです。その結果、腰回りに老廃物や脂肪がたまりやすい状態となります。本書で紹介しているストレッチやトレーニングを心がけてください。

Q4 二の腕が太いのが気になります。細くできますか？

A4 二の腕が太くなってしまう原因は、主に４つのことが考えられます。「脂肪の蓄積」「筋力の低下」「むくみ」「猫背や巻き肩」が挙げられるため、各々について確認していきましょう。

●脂肪の蓄積

力仕事でもない限り、普段の生活の中で二の腕の筋肉を使うことはあまりないかと思います。筋肉が少ないと代謝が落ちて脂肪がつきやすくなり、二の腕が太くなってしまいます。また二の腕をあまり動かさないと血流が悪くなり、肥大した脂肪細胞と老廃物が混ざり合ってセルライトになってしまうことも。

●筋力の低下

二の腕には内側と外側で役割の違う２種の筋肉が存在します。

内側の上腕二頭筋は、ひじを曲げたまま物を持つなど使う機会が多い筋肉。外側の上腕三頭筋は物を頭上に物を持ち上げる時に使う筋肉で、普段あまり使われることがありません。日常的に筋肉を使わなければ筋力はどんどん低下します。筋肉が減ってしまった結果、その上についた脂肪を支えられずにたるんでしまい、二の腕が太く見えてしまうのです。

● むくみ

体は痩せているのに二の腕だけ太いという方は、むくみが原因である場合もあります。

長時間のデスクワーク、スマホを見る時間が長いなど、二の腕を長い時間動かさずにいると、血流やリンパの流れが悪くなり老廃物がたまってむくみやすくなるのです。また塩分の多い食事を摂ることでも二の腕がむくんでしまうことがあります。

● 猫背や巻き肩

猫背や巻き肩などの姿勢は一見、二の腕と関係なさそうですが、実は姿勢の悪さも二の腕が太くなる原因の一つ。背中を丸めた姿勢は、背中や肩の筋肉がほとんど使われていない状態です。二の腕と肩はつながっているため、悪い姿勢が原因で肩の筋力が低下すると、意識的に二の腕の運動をしない限りは二の腕も一緒にたるんでしまうのです。

Q5 正しい姿勢はどうすればできるのですか？

A5 全身鏡の前に横向きに立って、自分の姿勢を確認してみましょう。

横から見たときに耳、肩、腰、足を結ぶ直線が地面と垂直になっているのが正しい姿勢です。

肩甲骨同士を引き寄せるように胸を開き、お尻の穴をキュッと締めるイメージで腰を入れると正しい姿勢で立つことができます。このとき、腰を反りすぎないように注意しましょう。

猫背や巻き肩の方は慣れない姿勢で最初のうちはつらいかもしれませんが、1週間も続ければ徐々にその正しい姿勢が癖になってきます。

また、座るときも胸を開き、骨盤を立てる意識で座ってみてください。デスクワークなどが続くと姿勢が崩れやすいため、骨盤の位置をキープしてくれるようなクッションや座椅子を取り入れてみましょう。

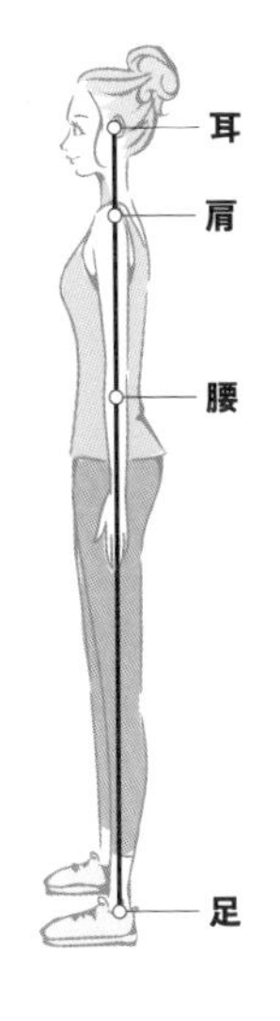

Q6 脚が短いのがコンプレックスです。

A6 脚が短いのは仕方がないことなのですが、ヒップアップトレーニングをすることによってお尻の位置が上になることで目の錯覚を起こさせて脚を長く見せることは可能です。

太ももの内側の筋肉も同時に鍛えることで、足全体が引き締まり、細くスラリとした足に見せることもできます。

また骨盤の位置が安定するようになることで姿勢も良くなり、脚が長く見えるようになります。

著者　KENGO
プライベートジムLAKAS代表

1982年生まれ 極真空手、ボクシングを学び、その後プロボクサーとして活動後、東京リゾート＆スポーツ専門学校でトレーニング理論を学び、自分の好きなことを仕事にしたいと思い大手パーソナルジムに入社。3年間経験したのちに独立。プライベートジム『LAKAS』を設立し現在に至る。過去に2000人以上の女性の美のサポートをしてきた実績があり、SNSで「美人作りのスペシャリスト」「来店初日にウエストが数センチ細くなる」などと話題になる。雑誌、ラジオなど様々なメディアで取り上げられ、現在はモデル、アイドル、グラビアアイドル、アーティスト、声優、タレント、アナウンサー、インフルエンサーなど様々な有名人御用達のプライベートジムと話題になっている。

Instagram

STAFF

モデル	Natsu
装丁	mambo西岡（ma-h gra）
本文デザイン	mambo西岡、岡村風香、島津摩里（ma-h gra）
撮影	林　均
ヘアメイク	船木真桜、宮司佳奈（Violet）
イラスト	宮城あかり
衣装協力	andar　https://andar-jp.com
企画協力	岩谷洋介
編集協力	半田　篤
編集製作	早草れい子（Corfu 企画）
参考文献	『美人をつくる食材＆レシピ　食べる美容事典』竹内冨貴子監修（講談社）

気づいたらウエスト－8センチ
キレイは深層筋でつくれます！

2024年（令和6年）7月4日　初版第1刷発行

著　者　KENGO
発行者　石井 悟
発行所　株式会社自由国民社
〒171-0033
東京都豊島区高田3-10-11
電話03-6233-0781（代表）
印刷所　株式会社シナノ
製本所　新風製本株式会社